Hoppla, jetzt komme ICH!

Rückkehr aus der Mobbingwelt!

Herstellung und Verlag:
Books on Demand GmbH, Norderstedt
ISBN: 978-3-8391-1499-5

Wolfgang-Rüdiger Kaufmann
Hermann-Löns-Weg 12
29348 Eschede

1

Wenn ich etwas ändern möchte,

muß ich zuerst mich ändern!

Ich muß es nicht nur ändern wollen,

ich muß es auch tun!

(Also nur Mut!!!)

von

Wolfgang-Rüdiger Kaufmann

Inhalt

Vorwort

Im Zeichen des Steinbocks am 17.01.1954 in Hamburg geboren, habe ich nach einer beschützten Kindheit im Jahre 1972 meine Ausbildung bei dem damals größten Wohnungsunternehmen Europas in Hamburg zum Kaufmann in der Grundstücks- und Wohnungswirtschaft begonnen. Nach fast 12 Jahren und mit den Erfahrungen aus verschiedenen Abteilungen des Immobilienunternehmens habe ich dann 1984 in die Immobilienabteilung einer großen Versicherungsgruppe gewechselt. Dort habe ich dann meine Erfahrungen unter anderem um den Bereich der Gewerbeimmobilien erweitert. 1994 / 1995 habe ich dann erste Erfahrungen mit dem verstärkten Konkurrenzkampf unter „Kollegen" gesammelt. Da ich für mich erkannte, daß ich mit der Führung, wie sie von den neuen Vorgesetzten verstanden wurde, nicht einverstanden war, habe ich zuerst versucht dem neuen Stil entgegenzuwirken. Im Hinblick auf den damals bereits angespannten Arbeitsmarkt und der anscheinenden Macht des neuen Hauptabteilungsleiters haben sich meine Kollegen nicht getraut ebenfalls Veränderungen hinsichtlich des Führungsstill zu fordern. Nachdem ich mich letztlich geweigert habe, falsche Angaben bei der Ermittlung von Verkaufspreisen anzugeben und mit meinem Namen zu unterschreiben, konnte ich Erfahrungen sammeln, mit dem was man im Allgemeinen unter Mobbing versteht.

Es ging um einen Betrag in Millionenhöhe, den ich nicht unter den Tisch fallen lassen wollte.

Vergeblich habe ich mich damals gegen eine Vielzahl von Unterstellungen und falschen Aussagen von Netzwerkangehörigen gewehrt. Unter diesem massiven Druck habe ich mich dann von dem Unternehmen zwangsläufig getrennt.

Das heißt richtig: ich wurde aus dem Unternehmen entsorgt!!!

Ich erlebte zu diesem Zeitpunkt zum ersten Mal bewusst, wie mit falschen Aussagen Entwicklungen beeinflusst werden.

Und vor allem, dass die Personen, die in der Hierarchie über den „Falschspielern" stehen, keine Notiz von diesen Fehlentwicklungen nehmen wollten.

Dies hat, nach den gemachten Erfahrungen damit zu tun, dass diese Personen kein Interesse an der Aufdeckung hatten, da sie anscheinend selbst Angst vor AUFDECKUNGEN in ihren Bereichen haben mussten.

Eventuell haben die Vorgesetzten aber auch keine Informationen bekommen.

Hat das Netzwerk funktioniert und die Angaben gesteuert?

Immerhin war mein Hauptabteilungsleiter der ehemalige Betriebsratsvorsitzende!

Der Hauptabteilungsleiter der Personalabteilung war der ehemalige stellvertretende Betriebsrat.

Durch das Verhalten des Kurt Helmut G., dem Hauptabteilungsleiter meiner Abteilung, habe ich nicht nur Haus und Hof verloren sondern auch meine Identität!

Es ist ein Riss in meinem Leben, meinem Lebenslauf und meinem Glauben entstanden, der nur schwer – NEIN - nicht wirklich zu ertragen ist.

Ich habe in dem Unternehmen nicht gekündigt!!!!
Ich wurde rausgeschmissen, weil ich nicht betrügen wollte!

Dies ist eine Situation, die man in keinem Lebenslauf unterbringen kann, ohne Probleme damit zu bekommen

8

Der Anfang

Wie bei allem Neuen ist der Anfang immer der schwerste.

Ist er jedoch erst einmal gemacht, so stellt man fest,

daß es gar nicht so schwer ist, wie man es sich vorgestellt hat.

Jahrelang habe ich darüber nachgedacht ein Buch über meine Erfahrungen zu schreiben.

Heute habe ich angefangen mir meinen Traum zu erfühlen!

Ich schreibe!

Und schon ist der Anfang gemacht.

(Ein Problem weniger!)

Ich versuche mich von allen negativen Gedanken über die Folgen meines Schreibens zu befreien.

Noch gelingt es mir nicht ganz.…

Aber ich stelle mir die positiven Reaktionen von zahlreichen Menschen vor, denen ich mit meinen Erfahrungen aus der Seele schreibe.

Ich bin davon überzeugt, daß es zahlreichen Menschen so geht wie mir.

Sie haben negative Erfahrungen gemacht und trauen sich nicht darüber zu sprechen oder gar darüber zu schreiben.

Und was ist mit veröffentlichen?

Das wäre ja noch ein Schritt weiter   – vielleicht einer zu weit?

Sofort kommen wieder die Gedanken:

was werden die Anderen darüber sagen,

- daß ich über meine Erfahrungen berichte,
- daß ich über mein „Versagen" in verschiedenen Situationen berichte,
- daß ich viele Dingen angefangen habe und nach ihrer Ansicht nicht zum Ende gebracht habe….

Aber habe ich diesen Menschen jemals so ausführlich über die Gründe meiner Entscheidungen berichtet.
Wollten sie die Hintergründe überhaupt kennen?

Waren sie damals und auch heute überhaupt an einer Aufklärung der Sachverhalte interessiert.

Es interessiert mich nicht… ich schreibe und ich weiß…

…selbst wenn ich nur einem Menschen mit meinen Erfahrungsbericht helfe, hat es sich schon gelohnt!

(vielleicht bin ich es ja auch nur selbst!?)

Früher…

Früher war ich voller Lebensmut.
Natürlich gab es immer wieder mal Probleme, die zu lösen waren. Immer wieder habe ich diese Probleme entweder alleine oder zusammen mit meiner Frau gelöst.

10

Seit meinen Erfahrungen bei dem Versicherungsunternehmen und den Verleumdungen bin ich ein anderer Mensch geworden. Ich traue mir etwas zu, habe konkrete Pläne, dann fange ich jedoch an zu zögern, grüble – und schon kann ich die Durchführung der Angelegenheit vergessen!

Dies darf nicht sein!
Ich will von meiner Idee überzeugt sein.

Was sagten schon kluge Menschen in Büchern, die ich gelesen habe über das Verhältnis zu einer Idee? :

- liebe sie, ändere sie oder verlasse sie

Wenn ich meine Idee, ein Buch über mich und meine Einstellung zum Leben zu schreiben also liebe, muß ich mich mit mir und der Idee auch auseinander setzen. Ich muß mich und das Vorhaben also lieben, oder ich muß mich und das Vorhaben verlassen. Ich muß mir daher jetzt darüber klarwerden, ob ich mich in Ordnung finde und ob ich meine Idee, dieses Buch zu schreiben, durchführen will.

Ich habe mich entschieden.

Ja, ich schreibe dieses Buch.

(Es hat Jahre gedauert, bis ich mit dem Ergebnis meiner Aufzeichnungen zufrieden war, aber ich habe diese Idee nie aufgegeben!)

Ich bin mit mir im jetzigen Moment zufrieden. Das tut mir gut: Ich will dieses Buch schreiben, weil ich glaube, daß ich nur so aus dem Teufelskreis der Resignation herauskomme. Ich traue mich, und werde mit den Folgen, nach Veröffentlichung dieses „Buches" zu Recht kommen!

Ich bin mir darüber im Klaren, dass ich nach bestem Wissen und Gewissen handle.

Ich liebe meine Aufgaben! Ich habe und werde Menschen mit meinem Wissen helfen!

Wenn ich bisher festgestellt habe, dass die Menschen meine Hilfe, meine Mitarbeit nicht mehr wollten, habe ich losgelassen! Hier meine ich zum Beispiel meine Tätigkeit in deren Firma. Ich habe keine Rücksicht darauf genommen, ob ich eine neue Aufgabe hatte, die mir das nötige Geld zum Überleben sicherte, oder nicht.

Weil ich glaubte, daß ich mit guter Arbeit und meinem Fachwissen schon alleine durchkommen würde, habe ich keine Angst vor dem Morgen gehabt.

Damals hatte ich noch keine Ahnung, was mich noch alles erwartete.

Innerhalb der 12 Jahre, die ich bei dem Versicherungsunternehmen war, war ich davon überzeugt, daß ich sowohl für das Unternehmen als auch für die Kunden das richtige tat. Nach meiner Einstellung kann man nur Überleben, wenn man zwischen dem Auftraggeber und dem Auftragnehmer, dem Verkäufer und dem Käufer und allen Menschen fair miteinander umgeht. Der eine Mensch besitzt etwas, was der andere gern haben möchte. Ich sollte mich jedoch ziemlich wundern, darüber, wie das Leben wirklich ist!

Ein faires Geschäft

Ein faires Geschäft kommt nur zustande, wenn alle Beteiligten zufrieden sind.

Wenn sich alle als Gewinner fühlen.

Aufgrund der Raffigkeit einiger Menschen, die nur dann besser leben können, wenn sie anderen Schaden zufügen, ergeben sich immer wieder Situationen für Menschen, die eine derartige Situation nicht kennen. Diesen Personen kann ein derart großer Schaden zugefügt werden, dass sie am Anfang nur ein kleines wirtschaftliches Problem davon bekommen, schließlich allerdings daran verzweifeln können.

Ich weiß, daß ich nicht allen diesen Menschen helfen kann. Aber ich glaube auch, daß ich den Menschen helfen kann, die es zulassen, daß ich Ihnen helfe.
Diese Hilfe besteht darin, daß ich ihnen erzähle, was mir geschehen ist und wie ich damit umgegangen bin.

Es geht für mich nicht darum, Menschen einen Schaden zu zufügen, die sich nicht darum geschert haben, ob sie mir mit ihrem Verhalten schaden. Ich will hier diese Menschen nicht namentlich nennen. Obwohl ich Ihnen gern persönlich und damit namentlich danken möchte, was sie mir neben den negativen Erfahrungen nebenbei noch an positiven Erfahrungen vermittelt haben.

Negative Erlebnisse positiv sehen

Jedes noch so negative Erlebnis hat auch etwas Positives.
Man muss es nur sehen bzw. für sich selbst begreifbar machen.

Auch wenn ihm nichts ferner lag, als mir zu helfen.

13

Hätte mein damaliger Vorgesetzter bei dem Versicherungsunternehmen mir nicht gedroht und mich auf seine Art aus dem Unternehmen gejagt, würde ich heute nicht diese Zeilen schreiben.

Er hat, um sich seinen Job zu erhalten, eine Straftat begangen und dem Unternehmen viel Geld entwendet um mich als Zeugen für eine vorherige Straftat, die dem Unternehmen bereits erheblich mehr Geld gekostet hat, zu bezahlen.

Ich, der dieses Geld nicht haben wollte, hat dies auch dem Unternehmen mitgeteilt.

Da mein Vorgesetzter aufgrund seiner vorherigen Tätigkeit als Betriebsratsvorsitzender jedoch über ein umfangreiches Netzwerk verfügte, war es mir zu keiner Zeit möglich an die richtigen Personen innerhalb des Unternehmens zu gelangen, die eigentlich ein Interesse an dem Erhalt eines seriösen Unternehmens haben sollten.

Aus heutiger Sicht weiß ich, daß wahrscheinlich keiner der in dem Unternehmen tätigen Mitarbeiter ein Interesse an der Aufklärung gehabt hat. Es war ja eine Kapitalgesellschaft. Es gab keinen, der direkt und sofort von den Folgen betroffen wäre.

Es gibt Tausende von Möglichkeiten, wie es zu dieser Situation gekommen sein könnte. Letztendlich hätten die Beteiligten es immer wieder so hin gedreht, daß nicht sie es waren, die das Unternehmen betrogen haben, sondern ich aus getroffener Eitelkeit oder aufgrund meiner Unfähigkeit einen Schuldigen suchen würde!

Man hätte, so wie es bereits intern geschehen ist, gesagt, für Herrn Kaufmann sind es immer die anderen, die Schuld haben, er ist es nie.

Mit einer solchen pauschalen Aussage kann man bei einem großen Teil von Mitbürgern sicherlich sofort große Zweifel auslösen, die dann sagen: was

14

interessiert mich das, die Wahrheit liegt wahrscheinlich in der Mitte. Keiner ist allein an so einer Situation schuld.

Dies ist teilweise richtig. Keiner ist alleine an so einer Situation schuld. Die Frage ist allerdings welcher Anteil an Schuld trifft die einzelnen Parteien. Und außerdem, was war die Ursache für das Verhalten.

Aber gerade in diesen Punkt legen einige Menschen sehr viel Kraft um von den tatsächlichen Gründen und von ihrer Person abzulenken.

Wochen und Monatelang wurde im Unternehmen recherchiert, was man mir alles vorwerfen kann, damit man mir keine Abfindung zahlen muß. Und dies alles vor den Hintergrund, das ich von dem Unternehmen gar keine Zahlung haben wollte. Ich wollte lediglich eine faire Behandlung erhalten.

Und nicht nur in dem Versicherungsunternehmen wurde mein Ruf in den Schmutz gezogen. Auch bei einer großen Maklerfirma wurde falsch über mich berichtet. Der Schriftwechsel, der zwischen mir und einer Mitarbeiterin des Unternehmens geführt wurde, wurde von dieser zu dem Versicherungsunternehmen gefaxt.

Der Hauptabteilungsleiter hielt es jedoch für sinnvoller, diese Briefe zu vernichten.

Es sollen ca. 35 Briefe gewesen sein.

Die Mitarbeiterin wurde übrigens kurz nach dieser Aktion ebenfalls „entsorgt".

Dies alles klingt so unglaublich. Wenn ich es nicht erlebt hätte, ich würde es wahrscheinlich nicht glauben.

Ich konnte und kann mich mit diesem Verhalten und dem Verhalten meiner damaligen „Kollegen" nicht identifizieren.

Ich möchte mich mit meiner Arbeit identifizieren!

Ich habe damals, **ebenso wie heute**, den Standpunkt vertreten: Ich liebe meine Arbeit, ich möchte an der Entwicklung für meinen Bereich mitarbeiten – oder ich möchte diese Arbeit – zumindest in diesem Unternehmen – nicht mehr machen.

Dieser Freiheit aber auch diesem Zwang, möchte ich mich **freiwillig** unterwerfen! Wenn es für mich gilt, muß dies allerdings auch für andere gelten.

Keiner kann über den anderen bestimmen, solange er sich selber nicht auch an die allgemein gültigen Regeln hält, oder eine Übereinstimmung erzielt wird, die für **alle** betroffenen Personen gelten. Dies gilt bei der Beachtung der zehn Gebote ebenso wie für das Grundgesetz, sowie für alle anderen Gesetze und Bestimmungen, Verordnungen etc.!

In einer Demokratie, wie der unserigen, muß man sich an den gebotenen Rahmen halten! Auch in Einzelfällen ist auf die Einhaltung dieser Regeln zu achten. Hier sind jeweils die besonderen Rahmenbedingungen zu beachten.

Es ist zu fragen: Hat die betroffene Person sich aufgrund von Vorsatz oder sogar Arglist so verhalten, oder war es Unwissenheit, die zu berücksichtigen ist.

Ist die Situation selbstverschuldet oder aufgrund einer Verkettung von Umständen entstanden.

Wir alle sind Menschen die sich in einem unterschiedlichen Rahmen entwickelt haben. Der eine wurde wohlbehütet in einer Arbeiterfamilie großgezogen, der andere erlebte die Großzügigkeit einer Unternehmerfamilie und wieder ein anderer wuchs in ärmlichen aber ebenfalls für ihn wohlbehüteten Verhältnissen einer Familie auf, die sich mit Arbeitslosengeld, Arbeitslosenhilfe oder aber von Sozialhilfe ernähren musste.

„Alle Menschen haben das gleiche Recht."

Nutzen können sie es aber tatsächlich nicht alle gleich.
Hier sind Theorie und Praxis ziemlich weit auseinander.

Viele Menschen haben Vorurteile, die es ihnen erlauben mit einem guten Gewissen über andere zu entscheiden. So sind Sozialhilfeempfänger für den einen oder anderen Mitmenschen nichtsnutzige Personen, arbeitsscheue Menschen, die für nichts gut sind.

Gleichzeitig haben diese Personen, die über Sozialhilfeempfänger so reden, zum Beispiel keine Probleme die gleichen Personen als Einkommensquelle zu nutzen.

So haben sich in der Vergangenheit zahlreiche „Bessergestellte" eine Eigentumswohnung oder ein Mehrfamilienhaus gekauft und dies an einen Sozialhilfeempfänger vermietet. Es ist ja so sicher, weil die Miete vom Sozialamt überwiesen wird. Gleichzeitig muß man keine größeren Reparaturen oder Schönheitsmaßnahmen an den Häusern vornehmen, weil es angeblich ja sowieso gleich wieder zerstört wird. Das von den Eigentümern unter Umständen von **vornherein** schon wenig in die Immobilie gesteckt worden ist, wird hier gern verschwiegen. Schließlich soll ja eine gute Rendite für den Eigentümer herauskommen. Der eine oder andere Eigentümer sieht sich auch als großzügige Person, weil er fällige Renovierungsarbeiten von seinem Mieter schwarz machen läßt. Es ist ja ein Gewinn für beide. Der eine bekommt sein Haus renoviert und der andere bekommt Geld in die Hand.

Das renovierte Haus wird wertvoller und kann ggfls teurer verkauft werden. Vielleicht kann man auch eine Mieterhöhung durchführen. Die Miete wird ja vom Sozialamt bezahlt. Und der Mieter kann ja nichts sagen.

Er bekommt eine schönere Wohnung für die er nicht mehr zahlen muß und außerdem hat er ja das Geld schwarz auf die Hand bekommen.

Er kann sich ja nicht beschweren.

Tolle Sache.

Alle sind zufrieden.

Keiner kann sich beschweren.

Ja, wenn dies` so einfach wäre.

Beide haben im guten Glauben gehandelt.
Beide haben sich etwas Gutes getan.
Aber was ist mit der Gemeinschaft, in der wir und auch die beiden leben.
Diese wurde betrogen.

Geht jetzt jemand her und klagt diesen Sachverhalt an, so können viele es nicht verstehen.
Es heißt dann nur, wieso, daß machen doch alle so.
Da frage ich mich?
Ist es wirklich so?
Machen es alle so ?
Warum mache ich es dann nicht genauso?
Mache ich es vielleicht sogar schon so?
Oder der Spruch der außerdem entschuldigend oder besser zur Begründung angeführt wird:

Übervorteilen warum nicht?

Wenn ich es nicht mache, dann macht es der Nächste!

Muß ich diesen Spruch zum Nachteil benutzen oder kann ich diesen Satz auch **umdrehen** –

Ich helfe Menschen zu Ihrem Recht!

- wenn ich es nicht mache, dann macht es der Nächste!

In diesem Zusammenhang fällt mir dann ein, wer betrogen wird, kann ja zum Anwalt gehen.

Hierzu kann ich nur sagen, **leider kann ich nicht jedes Unrecht beweisen**. Viele der Betrüger und Menschen, die andere Übervorteilen, wenden soviel Energie auf, daß es nur schwer zu beweisen ist, daß sie betrogen haben.

Andere Menschen schließen sich zu Netzwerken zusammen, die dann glauben, sie müßten sich gegenseitig schützen und Verbrechen an anderen Personen abstreiten.

Tatsache ist oft jedoch,

wer andere betrügt,

der betrügt auch <u>irgendwann</u> mich.

Zumindest kann er es versuchen.

Dies bedeutet ein eigenartiges Rechtsempfinden!

Wenn einer aus einer Gemeinschaft einen Dritten betrügt, fällt dies letztendlich auf die Gemeinschaft zurück, wenn diese Gemeinschaft nichts dagegen unternimmt.

Netzwerke für ehrliche Arbeit

Nur ein <u>Netzwerk</u>, welches sich gegen solche Machenschaften ausspricht und dies auch konsequent einhält hat langfristig die Chance zum Überleben.

Schwer ist es allerdings den Menschen zu vermitteln, daß man anders ist als ein Teil der Menschen. Aufgrund der Erfahrungen und gerade aufgrund der Erfahrungen mit einigen Politikern kommt es schnell auf.

„Politiker sind alles Verbrecher."

Dies darf man so nicht stehen lassen.
Verallgemeinerungen sind nicht zulässig!
Ich habe in der Vergangenheit schon negative Erfahrungen mit Menschen aller verschiedener „Glaubensrichtungen" und Berufsgruppen gemacht.
Die Frage hinsichtlich des Betruges bzw. der Übervorteilung liegt darin: Macht derjenige dies freiwillig was ich von ihm will, oder muß ich ihn mit meinen Kenntnissen über das Produkt, sowie meinen verkäuferischen Fähigkeiten übervorteilen. Wenn ich glaube, daß ich sein Geld sonst nicht bekomme, muß ich ihn übervorteilen. Dies ist, wie vorher schon angedeutet, langfristig der falsche Weg!

Irgendwann kommt immer die Lüge heraus.
Dann ist die Frage, steht mein Netzwerk hinter mir?

Das Netzwerk wird aber immer nur solange hinter dem Betrüger stehen, bis das Netzwerk Angst bekommt, weil es Schaden für sich annehmen muß. Dann wird nach einer Lösung gesucht.

Einer Lösung von mir!

Wenn Sie dann genug über ihre Mitstreiter wissen, werden sie vielleicht mit Glück im Netzwerk einen neuen Platz bekommen oder sie erhalten ein Schweigegeld.

Mir wurde damals auch ein Schweigegeld gezahlt. Mir wurde sogar schriftlich untersagt, daß ich über die Schweigegeldzahlung etwas sagen darf.

Mein Anwalt hat dann noch einen darauf gesetzt und mir mitgeteilt, daß mich das Unternehmen verklagen kann, wenn ich über die Auflösungsvereinbarung sprechen würde. Ich kam mir damals wirklich wie ein Verbrecher vor.

Ich konnte damals nicht mit dieser Situation fertig werden. Hinzu kamen die Vorwürfe meiner Familie und meines Freundeskreises, die nicht verstehen konnten, wie mir so etwas passieren konnte.

Ich stand vor der Situation: „so etwas macht man nicht!“.

Die Personen, die sich derart gegen mich äußerten, waren keinesfalls gegen mich. Sie wollten nur das Beste für mich, ebenso wie meine Kollegen, die mich in verschiedenen Besprechungen baten, ich solle mir die Sache doch noch einmal überlegen.
Sie verstanden damals nicht meine Argumente.

Heute ist kaum noch einer der Kollegen in dem Unternehmen beschäftigt.

Die gesamte Situation hat sich dort so verändert, daß ich dort auch nicht wieder anfangen möchte.

Flexibel und offen

Ich bin flexibel, aber komm mir <u>nicht</u> mit etwas Neuem!

Dieser Spruch sollte nicht für Sie gelten.

Immer wieder habe ich mich in der Vergangenheit selbst gefordert und etwas Neues begonnen. So habe ich mich bei meiner Ausbildungsfirma nach gewissen Zeitabständen in neue Abteilungen beworben um etwas neues kennen zu lernen; bei dem Versicherungsunternehmen immer wieder in neue Gebiete eingearbeitet, oder mich auf die verschiedenen Vorgesetzten eingestellt. Dies hat dazu geführt, daß ich von vielem etwas wußte, aber kein Fachmann auf einem bestimmten Gebiet war...

Halt!

Und schon diese Aussage hat mir damals das Rückgrad angebrochen!

Alleine, die Tatsache, daß ich eben ein großes, breit gefächertes Wissen, damals und auch heute noch besitze, ist eine Fähigkeit, die ich für mich, aber auch für andere nutzen kann.
Außerdem gehe ich auf neue Dinge ohne Vorbehalt heran.

In den letzten Jahren, nach meinem Abschied bei dem Versicherungsunternehmen habe ich nach meiner Tätigkeit bei einem Immobilien-Verwaltungsunternehmen in einer kleinen Norddeutschen Stadt genauso gehandelt wie bei allen vorangegangenen und später folgenden Unternehmungen, ich habe versucht meine Ehrlichkeit gegenüber Dritten zu bewahren. Und vor allen Dingen auch die Selbstachtung zu bewahren.

Allerdings habe ich im Hinblick auf das angebotene „Geld" oder „Gehalt" mich und meine Familie selbst betrogen. **Ich habe für einen geringen Betrag**, den ich von den Unternehmen bekam **einen viel größeren Betrag an privatem und geliehenem Geld eingesetzt**. Hinzu kam die Zeit, die ich eingesetzt habe ohne an meine Familie und damit auch an mich selbst zu denken.

Ich habe vergessen Forderungen zu stellen

Ich war dankbar für die Übertragung einer Aufgabe.
Ich dachte, wenn ich die Aufgabe zur Zufriedenheit des Auftraggebers ausführe, wird dieser dies schon merken und mir irgendwann einmal mehr Geld zahlen.
Dann werde ich wieder meine monatlichen Belastungen zahlen können und auch etwas sparen können.

Bei diesen Überlegungen habe ich allerdings vergessen, daß viele Unternehmen bzw. Unternehmer in erster Linie an ihren eigenen Profit denken und ihr eigenes Verhalten auch nur dann ändern, wenn der „Markt" sie dazu zwingt.
Außerdem waren die Unternehmen gar nicht in der Lage mehr zu zahlen.
Sie waren durchweg überschuldet.
Sie haben damals genauso gekämpft, wie ich später.
Ich versuche allerdings von vornherein mit offenen Karten zu spielen.
Und das ich mich in dieser finanziellen Situation befand, ist für mich eher ein Zeichen für Ehrlichkeit als für unseriösität.

Unternehmer sehen häufig nur ihren eigenen Vorteil.

Aber auch Unternehmer sind nur Menschen. Und diese Menschen wiederum sind von anderen Menschen umgeben, die sie beraten und für „ihre" Unternehmer nur das Beste wollen und zwar, daß die Unternehmer sich von diesen Beratern beraten lassen. Andere Meinungen als die eigene können viele dieser Berater daher nicht akzeptieren ohne Gefahr zu laufen, daß sie dem neuen Berater Platz machen müssen.

Dies trifft allerdings nur dann zu, wenn die Berater die Basis verlassen und in dem Bereich, für den sie beraten, nicht mehr mitbekommen, was eigentlich am „Markt" los ist. Ein Berater ist daher nur dann selbst gut beraten, wenn er selbst den Kontakt zu den „Kunden", wer immer diese „Kunden" auch sind, behält oder er aber enge persönliche Vertraute hat, die ihn wiederum beraten.

Er muß also immer im Gespräch sein. Mit der „Basis" und mit den „Abgehobenen".
Er muß wissen was Sache ist. Kann er kein Urteil über einen Vorgang abgeben, weil er fachlich und informationsmäßig nicht auf dem neuesten Stand ist, muß er damit rechnen, daß er bald im wahrsten Sinne des Wortes „nicht mehr gefragt" ist.
Nur wer selber einmal das „Auf und AB" des Lebens kennengelernt hat, kann beurteilen, wie man selbst in der Situation gedacht hat und das man nur aus eigener Kraft wieder aus dieser Situation herauskommt.

Dieses aus der Situation mit eigener Kraft wieder herauszukommen bedeutet natürlich nicht, daß man es tatsächlich alleine schafft.
Hierzu ist es erforderlich, daß man die Hilfe und den Rat von Dritten **annimmt**.

24

Nicht immer und nicht immer direkt, weil, das habe ich ja inzwischen auch gelernt, daß es einige Personen auf dieser Welt gibt, die in erster Linie nur an sich denken und denen es egal ist, was mit den anderen passiert.

Kraft für eigene Entschlüsse

Am wichtigsten ist, das man an sich und seine Kräfte glaubt und aus dem im Leben gelernten immer wieder seine eigenen Schlüsse zieht.
Dies kann bei dem einen früher und bei dem Anderen später sein.

Wer allerdings nie seine eigenen Schlüsse zieht und nie der Meinung ist, daß er auch etwas zur Veränderung dieser Welt beitragen kann, der sollte sich auch hiermit zufrieden geben.
Er hat nämlich damit auch einen eigenen Schluß gezogen.

Er hat sich und damit vielleicht auch seine Familie, seine Freunde und Bekannten aufgegeben.
Er ist und bleibt damit unzufrieden und gibt damit letztendlich allen anderen die Schuld, weil sie ihm ja nicht geholfen haben.
Helfen kann allerdings ja nur er selber – nämlich sich.

Jeder ist selbst verantwortlich
for sein Handeln und Tun
und auch für sein Unterlassen.

Diese Tatsache muß einem jedoch erst einmal bewußt werden.

Ich habe in der Vergangenheit einiges unterlassen.

Ich habe mich nicht ausreichend gegen die Angriffe und die Vorwürfe zur Wehr gesetzt. Ich war damals der Meinung, ich könnte mir dies aus wirtschaftlichen Gründen nicht leisten.
Es stellt sich also die Frage, warum wehre ich mich heute?

Und wogegen wehre ich mich heute eigentlich?
Ist es wirklich eine Frage, der wirtschaftlichen Situation?
 Nein, es ist eine Frage der inneren Einstellung, der eigenen Überzeugung!!!

Nur dies darf zählen!

Ich wehre mich gegen meinen eigenen Kopf!

Ich räume meinen Kopf auf. Damit auch meinen Bauch, den was meinen Kopf nicht belastet, kann mir auch nicht mehr auf den Magen schlagen.

Und was nicht meinen Kopf und meinen Bauch belastet macht mich frei.
Macht mich frei für andere Aufgaben, die ich in meinem Leben bereits übernommen habe oder noch übernehmen will.

Ich wehre mich also um mein Leben neu zu ordnen.

Dieses Buch ist daher meine Aufräumhilfe für Kopf, Bauch und das eigene Leben.

Aufräumen kann ich aber nur, wenn ich mir einen Überblick über den bisherigen Zustand mache. Mir überlege, wie ich vorgehen will und welches Ziel ich erreichen will.
Also, welcher Zustand herrschte bisher über mich?

Früher hatte ich einige Freunde, war glücklich verheiratet, hatte ein schönes Haus, ein Wohnmobil, regelmäßig Urlaub und hier fällt mir auf, daß ich erst an dieser Stelle über meine Kinder berichte.

Dabei waren mir eigentlich meine Kinder immer sehr wichtig. Eigentlich. Dieses Wort befremdet mich während ich es schreibe. Nicht „Eigentlich", sondern ich hatte im Rückblick viel zu wenig Zeit, um mich um meine Kinder und auch um meine Frau zu kümmern – ich habe mir zu wenig Zeit genommen!

Heute habe ich noch weniger Zeit. Und in dieser wenigen Zeit bin ich auch noch oft genervt. Nicht von den Kindern, die inzwischen gar keine Kinder mehr sind. Es sind Jugendliche, die bereits ihre eigenen Wege gehen.

Ich kann sie nicht auf ihren Wegen begleiten. Ich will es nicht und sie wollen es auch nicht.

(Diese letzten Sätze schrieb ich bereits vor Jahren! Heute sind meine Kinder Erwachsen und haben selbst Kinder, Trotzdem wünschen sie, dass ich mir Zeit für sie nehme und mich mit Ihnen unterhalte.)

Ich kann ihnen nur vermitteln, was mir passiert ist und warum ich, nach meiner Meinung in die Situation geraten bin, in der ich mich zurzeit befinde. Ich hatte mir damals vorgenommen, zukünftig nicht mehr überwiegend zu reagieren sondern zu **agieren.**

Die Umsetzung ist in der Theorie allerdings wesentlich einfacher als in der Praxis. In der Praxis spielt der Kopf, der Bauch und die Lebensumstände eine große Rolle.

Immer gibt es tausend Gründe von...

„ach besser wir lassen das!"

Hierüber hatte ich bereits auf den bisherigen Seiten berichtet.

Nicht „lassen" ist besser, sondern ETWAS TUN ist bei weitem BESSSER!

Was will *Ich*?

Ich will zufriedener Leben.

Teilweise tue ich es bereits.

Ich mache mir nicht mehr über alles negative Gedanken.

Ich bewerte Dinge anders.

Ich beginne zu agieren.

Weil mir beim Schreiben vieles bewußter geworden ist,

kann ich jetzt unterscheiden, was ich will und was ich nicht will.

Meine Gedanken werden klarer.

Ich möchte jedoch darauf hinweisen, das mit dem Wissen über das „WAS" will ich noch, lange nicht das Problem bewältigt ist. Hierzu gehört noch eine Menge mehr an theoretischem und praktischem Wissens. Hierzu gehört nicht nur das Lesen dieses Buches. Hierzu gehören noch viele andere Bücher, die man lesen sollte sowie andere Dinge, die praktisch erlebt werden müssen um bewußter und erfolgreicher durch das Leben zu gehen.

Aber gehen Sie, bleiben Sie nicht stehen.

Bewußt Leben

Nachdem ich damals meinem bisherigen „Geschäftspartner" gesagt und geschrieben habe, was ich will und was nicht, bin ich bereits bewußt das Risiko einer Trennung eingegangen. Ich habe Informationen weiter gegeben und dargestellt, warum der Umsatz meiner Meinung nach nicht besser läuft. Ich habe versucht als selbständig Denkender mich in das Unternehmen einzubringen.

Dies wollte man nicht.

Die Trennung ist zustande gekommen.

Man wollte oder konnte meine Forderungen nicht akzeptieren.

Das Unternehmen hat sich auch keine Mühe gemacht, mit mir über die Veränderungen zu sprechen.
Nach Informationen, die ich inzwischen erhielt, will man allerdings inzwischen meine Anregungen umsetzen.

Dies kommt mir bekannt vor.

Auch bei dem Versicherungsunternehmen hat man gern meine Vorarbeiten für ein größeres Projekt übernommen und sich dafür vom Vorstand loben lassen.
Und sich von mir getrennt.

Aber….

ich kann mit der Entscheidung leben.

Ich habe einen weiteren Schritt in ein aufgeräumtes Leben unternommen.

Die nächsten Schritte sind jetzt zu sortieren und ebenfalls durchzuführen.

Ich werde mein Leben noch bewußter in die eigenen Hände nehmen!

Ich habe inzwischen auch keine Angst mehr vor der Öffentlichkeit!

Heute mit dem Wissen von Gestern das Morgen gestalten!

Heute muss ich mir, mit meinem Wissen, was ich bis Gestern bzw. bis eben gesammelt habe, meine Zukunft gestalten.

Ich lasse daher mein Leben noch einmal an mir vorbeiziehen.
Was hat mir Spaß gemacht, was war nicht so schön und was hat mir überhaupt nicht gefallen.

Spontan fällt mir ein, dass ich früher Schlagzeug gespielt habe. Hierfür fehlt mir im Moment das nötige Geld. Um damit Geld zu verdienen müßte ich vermutlich zu lange lernen und üben um gut zu werden, also für eine Tätigkeit mit der ich möglichst kurzfristig Geld verdienen kann, nicht geeignet. (inzwischen habe ich wieder ein Schlagzeug, welches ich gelegentlich einfach zum Spaß spiele.)
Dann erinnere ich mich gern an die Zeit, als ich als Manager eine Rockgruppe betreut habe.
Ich habe mich im norddeutschen Raum um Auftritte gekümmert. Unter anderem ist es mir gelungen ein Interviewtermin beim NDR zu vereinbaren.

Es hat mir viel Spaß gemacht, aber professionell war es aufgrund der mangelnden Erfahrungen noch nicht.

Der „Verkauf" von „Dritten" hat mir immer sehr viel Spaß gemacht. Dies erinnert mich an ein Seminar, in dem es um Projektmanagement ging.

Als Projektleiter mußte man ein Projekt betreuen und dafür sorgen, dass alle am gleichen Strang ziehen.

Das alle am erreichen des gemeinsam vereinbarten Ziels beteiligt waren und sich mit dem Projekt identifizieren konnten, war eine harte Arbeit.

Und dennoch war es im Rahmen der damaligen Gegebenheiten nur ein Spiel.

Alle wussten – es ist nur eine begrenzte Zeit und viele sahen es deshalb nur als Spiel an.

Es war auch keine reale Situation.

Im wahren Leben sieht es schon „etwas" anders aus.

Dieses anders aussehen kann man auch nicht in der Theorie lernen.

Dieses lernen geht nur in der Praxis.

Ich denke, jeder, der erfolgreich werden will muß mindestens einmal auf die Schnau...(Nase) gefallen sein.

Das heißt, er sollte auf sein Gesicht gefallen sein und darf es dabei nicht verlieren.

Woher soll man sonst seine Grenzen kennenlernen.

Woher soll man die Ideen nehmen, mit denen man erfolgreich werden will.

Gedanken an früher

Aber erst einmal weiter mit den Gedanken an früher…

Beim Überlegen, welche Tätigkeiten mir beim Wohnungsunternehmen sowie in der Versicherungsgruppe Spaß gemacht haben, fallen mir die Vertragsverhandlungen mit den Mietern ein. Die Gespräche hinsichtlich der Erfassung der Mieterwünsche, der Behördenanforderungen sowie die Ermittlung der technischen Möglichkeiten für die Umplanung von Geschäftshäusern.

Ebenso interessant und spannend fand ich die Umsetzung von organisatorisch erforderlichen Maßnahmen im Personalbereich.
Ich denke, diese Punkte merke ich mir auch für „Morgen" vor.

Die Tätigkeiten der nächsten Jahre meiner Vergangenheit fasse ich unter dem Begriff Erfahrungen mit Menschen zusammen.

Ich habe einige Zeit bei meinen Vorstellungen, bei neuen Arbeitgebern nicht mein Fachwissen weitergegeben sondern mein Wissen über die Fehler, die andere gemacht haben. Dies hat die Gesprächspartner verängstigt.
Sie haben befürchtet, das ich ebenso über sie sprechen könnte, wenn ich nicht mehr bei Ihnen beschäftigt bin.

Hier stellt sich für mich die Frage, gab es Anlass dafür, dass diese Gesprächspartner Angst haben mußten.
Wenn ich versuche, mich in die Situation meiner Gesprächspartner zu versetzen, kann ich nur zu dem Ergebnis kommen: Sie hatten mit Recht Angst.

Andererseits gilt für mich: Bei jedem dieser Unternehmen hätte ich vermutlich früher oder später eine Situation vorgefunden, die mich an das Verhalten meines ehemaligen Hauptabteilungsleiters erinnert hätte.

Ich hätte immer wieder so gehandelt.

Ich *hätte* nicht nur so gehandelt;
Ich habe so gehandelt...

Und ich werde immer wieder so handeln.
Ich bin nicht bereit meine Kunden – und als solche sehe ich meine Arbeitgeber – die der verlängerte Arm wiederum ihrer Auftraggeber und somit der Endverbraucher sind – zu betrügen und zu übervorteilen.

Ich behandele Menschen so, wie auch ich behandelt werden möchte.

Und ich möchte nicht betrogen werden.

Bei allen anderen Arbeitgebern, die nach dem Versicherungsunternehmen kamen, habe ich mich von diesen Unternehmen getrennt, wenn sie sich nicht fair verhalten haben.
Dieses fair galt nicht nur mir gegenüber sondern auch Dritten gegenüber.

Betrachte ich nunmehr die Zusammenarbeit mit einem der bisher letzten Partner.

Diesen Partner kannte ich seit ca. 1 ½ Jahren.
Ich hatte ihn in einem Unternehmen kennengelernt, in dem wir beide als **„Scheinselbständige"** tätig waren.

Er betreute die Wohnungsverwaltung und ich war für den Maklerbereich zuständig.

Der „Geschäftsführer" ein Mann, der mehrere Unternehmen unter einem Dach lenkte, jedoch aufgrund seines Vorlebens mehrere Strohmänner beschäftigte, die nach Außen als Geschäftsführer auftraten.

Er wirkte, wie viele „Ehrenmänner" vor ihm, sehr seriös auf mich und andere.

Erst zu einem späteren Zeitpunkt erzählte er mir von seiner Eidesstattlichen Erklärung.

Nun ist eine Eidesstattliche Erklärung für mich nicht gleich ein Makel, der mich daran hindert mit jemanden zu sprechen oder sogar zusammen zu arbeiten.

Die Frage ist nur wie geht er mit der Situation und mit mir um.

Ist er Ehrlich und behandelt mich und andere so fair wie es für Menschen erforderlich ist und eigentlich selbstverständlich. Oder ist es ihm egal was aus seinen Partnern und Mitarbeitern wird.

Hier ist es anscheinend auch wichtig, wie verhält sich der Lebenspartner von demjenigen.

Der „Geschäftsführer" war eigentlich ein ziemlich schwacher Mensch. Auch er brauchte die Zuwendung einer anderen Person. Letztendlich warf er gerade getroffene Entscheidungen wieder um, wenn seine Lebenspartnerin mit der Entscheidung nicht einverstanden war.

Er machte sich letztlich vor „seinen" Mitarbeitern nur lächerlich. Es klappte nichts mehr. Keiner hörte auf ihn. Alle taten nur das nötigste um am Monatsende an ihr Geld zu kommen. Keiner Identifizierte sich mit dem Unternehmen. In der Küche, dem Personalraum, wurde während der

Raucherpausen und während der Mahlzeiten unentwegt gelästert und gegen den „Chef" gemobbt. Alle waren gegen ihn – aber kaum einer zog freiwillig die Konsequenz.

Fast jeder suchte zwar nach einer neuen Tätigkeit.
Aber nur sehr zögerlich.
Mir wurde es bald zu viel. Ich verließ das Unternehmen – natürlich wieder mit wirtschaftlichen Verlusten. Aber es war mir egal. Ich mußte raus aus diesem „Laden".

Ich war froh, denn ich hatte eine Entscheidung getroffen. Ich habe nicht gewartet bis ich gegangen wurde und vielleicht eine Abfindung bekam.

Durch meine bisherigen finanziellen Verluste konnte ich allerdings auch meine Forderung nicht realisieren.
Bei den wirtschaftlichen Rahmenbedingungen hätte ich zwar einen Titel bekommen, letztlich hätte ich jedoch kein Geld bekommen.

Also habe ich mich wieder in eine neue Aufgabe gestürzt und versucht Geld zu verdienen.

Ich hätte bereits zu diesem Zeitpunkt die Notbremse ziehen und keine neue Aufgabe übernehmen sollen.

Aber erzählen Sie dass einmal jemanden, der „nur" versucht seinen Verpflichtungen nach zu kommen.
In dieser Situation habe ich noch nicht so gedacht, wie ich heute denke.
(Ob ich heute immer richtig denke ist auch nicht sicher.)

Aber ich Handel heute mehr nach Fakten! (wirklich????)

Nach Fakten, die ich für mich ermittelt habe.

Nur Fakten zählen!?

Aber wie wollen Sie Fakten schaffen, wenn sie ganz unten sind. Wenn sie nicht mehr wissen, wovon sie ihre Rechnungen bezahlen sollen. Wenn jeder nur versucht zu seinem Recht zu kommen.

Viele meiner „Vorbilder" haben versucht durch Lügen sich wieder nach oben zu arbeiten. Dies kann jedoch nicht mein bestreben sein.

Wäre dies mein Antrieb, hätte ich ja bei der Versicherungsgruppe bleiben können und sowohl meinen Vorstand als auch die Versicherten betrügen können.
Nun könnte ich sagen: Ja damals habe ich ja nicht gewußt, was auf mich noch zukommt. Hätte ich dies gewusst, hätte ich mitgemacht und hätte keine Bedenken gegen die falschen Darstellungen gehabt.

Ich stehe nach wie vor zu meiner Entscheidung von damals.
Ich wollte und konnte nicht so handeln, wie man von mir verlangt hat.

Ich wollte und konnte auch nicht so handeln, wie das Wohnungsverwaltungsunternehmen es von mir als Leiter der Verwaltung verlangt hat.

Auch das Verhalten des Maklers, mit dem ich dann zusammen eine Verwaltung aufbauen wollte, hat sich nicht so partnerschaftlich und fair gegenüber seinen Kunden, seinen Mitarbeitern und mir verhalten, das ich es hätte akzeptieren können.

Auch der Geschäftsführer des Immobilienhauses in Norddeutschland erwies sich nicht als positives Vorbild hinsichtlich seines gesamten Verhaltens. Ebenso der Bezirksleiter einer Bausparkasse, für die ich dann als Bezirksberater tätig wurde.

Er wollte mir angeblich helfen, dass ich schneller zu Abschlüssen kam. Ich benötigte zwar möglichst schnell Geld. Ich war aber dennoch nicht bereit Kunden übers Ohr zu hauen. Alte Verträge zu stornieren und neue abzuschließen – nur um an eine Provision zu kommen – war und ist nicht meine Art. Von diesem Unternehmen wurde mir in verschiedenen Seminaren gezeigt, wie man Menschen mit der Hoffnung auf etwas Geldvermehrung täuschen sollte. Ob bei Bausparverträgen oder Lebensversicherungen egal, es gab immer eine Möglichkeit die Ergebnisse besser darzustellen als die Mitbewerber es bereits getan hatten.

Bei dem Haushersteller war es ebenfalls so, dass man den Kunden vorspiegeln sollte, dass man die beste Lösung für ihn hatte. Zuerst wurde ermittelt, welche Ansprüche die Kunden an ihr Haus haben. Dann konnte man gezielt ein Angebot machen und versuchen noch am gleichen Abend einen Vertragsabschluss zu tätigen.

Hatte der Kunde Einwände, gegen den Preis, so hieß es: sie können sich gern ein Pappdeckelhaus eines Mitbewerbers kaufen, aber ich denke, sie sollten schon Wert auf eine lange Erfahrung des Herstellers legen.

Unsere Produkte sind ausgereift und von hoher Qualität. Und eine hohe Qualität hat nun einmal ihren Preis.
Das gleiche Produkt konnten und können sie übrigens auch unter einem anderen Namen – aus gleicher Produktion – günstiger kaufen.

Ich will hier nicht die Produkte oder die Firmen oder die Menschen schlecht reden oder schreiben.

Jeder ist seines Glückes Schmied und muß für sich selbst entscheiden, wem er glaubt, von wem er eine Ware kauft oder mit wem er zusammen arbeiten will.

Ich möchte jedoch jedem Interessierten mitteilen, das er für sich selbst die Verantwortung trägt.

Verantwortung tragen

Verantwortung tragen heißt, selbst entscheiden, was für sich gut und was schlecht ist.

Manchmal weiß man es jedoch nicht von vornherein, dann heißt es jemanden fragen, dem man vertraut.

Verschiedene Personen befragen um dann aus der Fülle von Antworten eine eigene Antwort zu finden. Dies muß auch nicht immer die Antwort sein, die von den meisten gegeben wurde. Hier ist immer abzuwägen, wer hat mich informiert, welches Interesse hat diese Person und vor allen Dingen, kennt die Person mich und meine Rahmenbedingungen eigentlich so gut, dass sie mich beraten kann.
Denke ich wieder an mich, muss ich sagen, dass eine Entscheidung über meine Zukunft von so vielen Kriterien abhängt, dass ich sie kaum selbst nennen kann.

Deshalb empfehle ich allen, sich selbst erst einmal eine Entscheidungsgrundlage zu schaffen.

Diese Entscheidungsgrundlage sollte auf der Basis

Wer bin ich?

Was kann ich?

Was will ich?

getroffen werden.

Diese Überlegungen dürfen in erster Linie nicht von den derzeitigen wirtschaftlichen Rahmendaten entschieden werden. Hält man sich an diese derzeitigen Eckdaten, kann es einem passieren, das sich diese kurzfristig ändern und man sich erneut auf die Suche machen muß.

Dies ist mir passiert. Ich habe versucht mich immer wieder neu auszurichten.

Letztendlich dreht man sich nur noch im Kreis.

Wer sich jedoch im Kreis dreht, dem wird schwindelig und der verliert den Überblick.

Erinnern wir uns wieder an früher

Erinnerungen an früher.

Wer sich im Kreis gedreht hat, z.B. auf einem Karussell, und von Übelkeit gepackt wurde, hat erst einmal das Karussell verlassen und sich ruhig hingesetzt.

Mir hat geholfen, wenn ich etwas gegessen habe und mir Gedanken über etwas anderes gemacht habe. Gegessen habe ich in einer solchen Situation übrigens trockenes Brot oder einen trockenen Keks.

Bevor ich wieder in ein ähnliches Karussell-Geschäft gegangen bin, verging übrigens einige Zeit. Erst als es mir besser ging und ich mich auf die Sache vorbereitet habe, habe ich einen erneuten Versuch gestartet.

Wichtig ist bei diesem ganzen Vorgehen allerdings auch, die innere Einstellung zu der Tat.
Gehe ich aufgeregt an die Sache heran, passiert mir vermutlich das gleiche.

Erlebe ich das Ganze jedoch mit Gelassenheit und einer positiven Grundeinstellung sowie mit der nötigen Vorbereitung wird das Erlebnis positiv enden.

Dies gilt aus meiner Erfahrung heraus nicht nur für Fahrten auf dem Jahrmarkt.
Es läßt sich auf alles übertragen.

Je besser die Vorbereitung, desto schöner das Erlebnis !
Also bereite ich mein neues Projekt in Ruhe vor.

Heute ist heute!

Heute für morgen planen!

Heute für morgen planen. Deshalb mache ich mir nunmehr Gedanken über die Organisation meines zukünftigen Lebens.

Ich lasse mein Leben weiter an mir vorbei ziehen. Und überlege was mir noch Spaß gemacht hat und was nicht so schön war und mir überhaupt nicht gefallen hat.

Zusammengefaßt haben mir folgende Dinge Freude bereitet:

Menschen über meine Erfahrungen zu informieren. Ihnen mein Wissen über fachliche Vorgänge zu vermitteln aber Ihnen auch über meine Erfahrungen mit Mobbing, Scheinselbständigkeit sowie den Wert von Netzwerken zu berichten.

Menschen zu dienen und dafür zu sorgen, dass innerhalb eines positiven Rahmens und unter erträglichen Bedingungen erfolgreich gearbeitet werden kann. Jeder Mensch soll zu seinem Recht kommen.

Besonderer Wert ist hier auf die Netzwerke zu legen.

Verbindungen zwischen Personen mit unterschiedlichen Ausbildungen und Erfahrungen, die sich zusammen schließen um ein gemeinsames Ziel zu erreichen.

Ich gehe davon aus, das nicht nur innerhalb eines Netzwerks fair gehandelt werden muß, sondern das auch die Personen, die „nur" als Kunden im Rahmen eines „Projektes" zu dem Netzwerk stoßen fair behandelt werden.

Unfairness darf gar nicht erst entstehen.

Dies ist vielleicht eine übertriebene Erwartung.

Aber ich Glaube, das viele Menschen so denken wie ich.

Und ich kann von anderen Menschen nur etwas erwarten, was sie auch von mir erwarten können.

Da ich weiß und akzeptiere, das auch ich nicht unfehlbar bin, fordere ich meine Partner und Kunden oder wie auch immer sich die anderen Menschen bezeichnen auf, Kritik zu üben. Ich erwarte allerdings konstruktive Kritik.

Denn was Recht und Unrecht ist, kann auch einmal verschwimmen.
Jeder kennt die 10 Gebote sowie das Grundgesetz, zumindest von seinen grundsätzlichen Aussagen.
Von daher ist es wichtig, dass jeder Rückmeldungen auf sein Verhalten erhält.

Auch für mich ist dies wichtig.

Rückmeldungen sind Teil einer funktionierenden Kommunikation. Diese Kommunikation ist Bestandteil einer jeden Gruppe und entscheidet über wohl oder Verderb eines gemeinsamen Zieles. Wird nicht offen miteinander gesprochen, ist dies für den geübten Menschen an dem Verhalten des Gesprächspartners leicht zu erkennen. Jeder Gesprächspartner lüftet nach einer gewissen Zeit sein Geheimnis – gewollt oder nicht.
Dies hat etwas mit dem Bewußtsein, dem Unterbewußtem sowie dem Ursprünglichen zu tun.
Das Ursprüngliche ist in jedem Menschen vorhanden.

Aus dieser Ebene heraus zeigt sich immer irgendwann ein Verhalten, was darauf hinweist, wenn Worte und Verhalten nicht identisch sind. Man muß sich nur Zeit lassen und darf sich nicht unter Druck setzen.

Löse Dich von dem Druck!

Löse Dich von dem Druck!

Von Zeit zu Zeit verspüre ich Druck. Dieser Druck begann damit, daß ich anfing zu grübeln und mir Gedanken über meine Zukunft machte.

Mit diesen Zukunftsgedanken gingen Gedanken über meine bisherigen Erfahrungen einher, die dazu führten, das ich alles Geplante mit dem erlebten abglich und feststellte, daß es alles keinen Sinn zu haben schien.

Für alles fallen mir Personen ein, die es besser konnten als ich oder die mir wieder in die Quere kommen würden, wenn ich eine Idee am Markt präsentieren würde.

Diese Gedanken verursachten selbstverständlich einen Druck im Magen.

Setzte ich mich hin und schrieb die Gedanken auf, wie gerade in diesem Moment, ging es mir zwar noch nicht gleich besser.

Aber ich war mir sicher, daß sich mein Zustand verbessern würde, weil mir mit dem Aufschreiben einiges klarer wurde.

Ich konnte mir die Dinge besser vor Augen führen und allein dies gab mir die Möglichkeit Entscheidungen besser vor zu bereiten.

Denn was passiert denn sonst, wenn man sich vorbereitet. Man entscheidet sich für ein Thema.

Überlegt, was man zu diesem Thema bereits weiß. Schreibt dieses möglichst auf um es nicht wieder zu vergessen.

Merke: Wer schreibt der bleibt oder anders
                         Was man schreibt das bleibt!

Als erstes schreibt man nun nach dem Prinzip Brainstorming – Gehirnsturm – alles auf, was man im Moment an wichtigen Dingen zum Thema im Kopf hat. Erst später wird das aufgeschriebene sortiert und bewertet.

Punkt für Punkt.

So kommt man dann zu einem Ergebnis, mit dem man dann konkret weiterarbeiten kann.

Die 7-Punkte-Methode aus dem Projektmanagement hilft bei jedem Projekt. Egal wie das Thema lautet. Man kann mit diesem System alle möglichen Bereiche erfolgreich erschließen. Ob bei der Gestaltung des zukünftigen Lebens, der Suche nach einem Arbeitsplatz oder beim Schreiben eines Buches. Es ist ein universell nutzbares Instrument.

Versuchen Sie es einmal.

Sie werden begeistert sein.

Folgende Punkte gehören zum methodischen Vorgehen.

Methodisches Vorgehen in 7 Schritten

---

sich informieren

zielen

planen

entscheiden

realisieren

kontrollieren

daraus lernen

Nach diesem System kann man sehr gut vorgehen und sein Handeln jederzeit überprüfen. Das Gesamtergebnis, was man sich zum Ziel gesteckt hat, kann mit Hilfe dieser Methode auch in mehrere Teilschritte unterteilt werden und so regelmäßig zu Erfolgen führen – oder aber zu Mißerfolgen. Auf jeden Fall hat man aber eine bessere Kontrollmöglichkeit. Bei Mißerfolgen muß überlegt und geprüft werden, was war Schuld an dieser Entwicklung. Was habe ich falsch oder anders eingeschätzt.

Diese Teilabschnitte kann man als Meilensteine bezeichnen. Meilensteine auf dem Weg zum Endziel.

Seien Sie sich aber im Klaren darüber, das Sie Ihr gestecktes Ziel wahrscheinlich (sogar ziemlich wahrscheinlich) in der von Ihnen geplanten Version nie erreichen werden.

Aber Sie werden auch feststellen, dass die Ziele, die Sie erreichen etwas anders aussehen, Sie aber dennoch mit dem Erreichten Zufrieden sein können.

Sie werden unterwegs einige Umwege gehen müssen, weil Sie trotz intensiver Vorbereitung und Planung leider nicht alle Hindernisse von vornherein einschätzen können. Viele Menschen legen Ihnen bewußt und unbewußt Steine in den Weg. Eine glatte Straße ist allerdings auch gefährlich. Sie könnten, wenn es zu glatt geht, ins rutschen geraten. D.H. Sie könnten zu selbstsicher werden und dadurch schon Fehler machen. So ging es mir. Bei den Steinen, Stöcken und sonstigen Gegenständen, die Sie auf Ihrem Weg finden werden, können Sie zur Seite Räumen. Aber Sie kennen vielleicht manche Spiele, bei denen Sie beim Forträumen von Gegenständen mit dem Würfeln aussetzen müssen. So ist es auch im wahren Leben. Wenn Sie stehenbleiben, denken Sie daran – Stillstand ist Rückgang.

Also lieber langsam auf einem Umweg weiter gehen als Stehenbleiben. Sie könnten sonst auch mit Problemen Zugeschüttet werden, die Ihnen vorher im Traum nicht eingefallen wären.

Also lieber einen Umweg.

Außerdem Umwege erhöhen die Ortskenntnis.

Und wer Ortskenntnisse hat, kennt sich besser aus.

Und wer sich besser auskennt, hat mehr Wissen.

Und wer mehr Wissen hat braucht in vielen Situationen keine Angst zu haben.

…es gibt immer einen Ausweg (Umweg)!

Also keine Angst !

Nur keine Angst !

Angst lähmt. Angst kostet viel Geld.
Und wer hat schon viel Geld?

Meistens ist es auch noch so, daß derjenige, der kein Geld hat auch noch zusätzlich Angst bekommt. Zukunftsängste. Existenzängste.

Mir ging es so.

Im Zusammenhang mit dem damals erlebten Mobbing. Einer bisher ungeahnten Verleumdungswelle durch meine Vorgesetzten. Damals hatte ich noch keine Angst. Ich war mir sicher, daß ich nach meinem Fortgang von dem Versicherungsunternehmen einen neuen Aufgabenbereich finden würde. Erst nach dem tatsächlich eingetretenen Ende meiner Tätigkeit und den weiteren Unterstellungen, wonach ich dem Unternehmen Schaden zugefügt haben sollte ging es richtig los. Ich konnte mir nicht vorstellen, dass nicht irgendwann ein Mitarbeiter des Unternehmens merken würde, was da abläuft. Ich glaubte an Gerechtigkeit und Ehrlichkeit.
Ich hatte jedoch weit gefehlt.
Niemand nahm ernsthaft Kenntnis von dem was dort ablief.

Diese Erfahrungen setzten sich natürlich auch in meinem Kopf fest.
Bestärkt durch Aussagen von Freunden wuchs eine Wut gegen das Unternehmen in mir heran, welches ich auch nicht abbauen konnte.

Bei meinen Bewerbungen in der Hamburger Immobilienwelt ging ich natürlich davon aus, das ich die Wahrheit sagen mußte. Die Wahrheit interessierte jedoch nicht. Dies war mir damals allerdings nicht klar. Die neuen Arbeitgeber wollten den Nutzen kennenlernen, den ich dem Unternehmen bieten würde und nicht die Probleme hören, die ich mit meinem ehemaligen Arbeitgeber hatte.

Dies verursachte im Unterbewußtsein immer noch mehr Haß, der durch meine Gesprächspartner bzw. ihre Ablehnung noch geschürt wurde. Nun konnten diese Gesprächspartner nichts für meine Situation. Sie wollten sich lediglich mit mir über meine Leistungen, meinen Nutzen für Ihre Unternehmen unterhalten.

Ich schrie also sehr negativ in den Wald und wunderte mich, dass ich keine positive Antwort bekam. So kam es auch, das ich anscheinend nur noch auf Menschen stieß, die meine Situation erkannten und für sich nutzen wollten. Mein damals gelebtes Verhalten war allerdings nicht durchgängig negativ. Es kann daher sicherlich nicht als Entschuldigung für das Verhalten aller meiner „Vertragspartner" heran geführt werden.

Ich habe mich schon für das jeweilige Ziel eingesetzt. Wenn ich jedoch feststellen musste, dass ich hintergangen wurde, war ich konsequent und habe dies Verhalten nicht akzeptiert. Ich habe versucht, dieses Verhalten zu ändern. Ich habe Gespräche geführt und versucht auf vernünftige Weise die Angelegenheit sachlich zu ändern. Wenn mir dies nicht gelang, habe ich mich konsequent von diesen Partnern getrennt.

Bei dem Makler, der im Vorstand einer Berufsorganisation auch noch als Rechtsreferent tätig war, konnte ich es nicht mit meinem Gewissen vereinbaren, dass das gesprochene Wort nicht mit dem Geschriebenen übereinstimmte. Ich bin sicherlich loyal mit diesem Partner umgegangen. Dies bestätigen mir auch meine Aufzeichnungen, die ich über unsere Gespräche gefertigt habe. Der „Partner" war allerdings aufgrund seiner Situation so genervt, das er keine Zeit zum überlegen hatte. Er konnte sich nicht vorstellen, dass ich mich auch in dieser Situation fair gegenüber verhalten würde. Er rief nach einem Gespräch, in dem wir eine Auflösungsvereinbarung unterschrieben hatten sofort bei dem Beirat einer Eigentümergemeinschaft, die ich in unsere Verbindung mit eingebracht hatte an und teilte mit, das wir uns getrennt haben. Diese plötzliche Entscheidung, die zumindest für den Beirat sehr überraschend kam, hat diesen sicherlich erst einmal stark verunsichert. Immerhin war mein Partner ja ein „seriöser" Geschäftsmann. Der Beirat kannte ja nicht den Hintergrund, der erst nach einigen Monaten, in denen ich versucht hatte positiven Einfluss auf meinen Partner zu nehmen, zu der Trennung geführt hatte.

Bereits vor Beginn meiner Tätigkeit für diesen Partner war dieser Zahlungsunfähig. Außerdem arbeitete er mit einem stadtbekannten Scientologen zusammen. Dieser war zusammen mit dem Schwager meines Partners und einem weiteren Freund Eigentümer einer Wohnanlage in einer Norddeutschen Stadt. Diese Wohnanlage mit etwas über hundert Wohnungen war stark renovierungsbedürftig und damit kostenintensiv. Die Mieterschaft ließ teilweise sehr zu wünschen übrig. Zusammen mit einem weiteren Mitarbeiter, einem Umschüler, habe ich dieses Objekt betreut und einige Veränderungen erfolgreich herbeigeführt. Da der Vertrag zwischen meinem Partner und mir jedoch alle kaufmännischen Verantwortungen übertragen hatte, war ich ab einem bestimmten Zeitpunkt nicht mehr bereit, das Risiko zu tragen. Ich hätte für die Überschuldung dieser Anlage letztendlich gegenüber den Auftragnehmern gehaftet.

Nachdem mein Partner, auch noch falsche Aussagen gegenüber seinen Partnern tätigte, wonach der Aufbau der Verwaltung und die damit verbundenen Kosten einer der Gründe für seine Zahlungsunfähigkeit wären. War ich nicht mehr bereit dies länger hinzunehmen. Immerhin hatte ich die EDV-Anlage finanziert und meine Einnahmen deckten sich nur aus den Verwaltungseinnahmen.

Im Zusammenhang mit der Eigentumswohnanlage in einer norddeutschen Kleinstadt, die ich mit in die Verbindung gebracht habe, habe ich in der folgenden Zeit noch einige negative Erfahrungen gemacht.
Viele wollten meine Hilfe annehmen. Bezahlen wollten sie dafür allerdings nicht. Dennoch haben sie dafür bezahlt. Allerdings nicht an mich. Sie haben mit längerem Leerstand ihrer Wohnungen bezahlt. Mit Problemen, die sie bekamen, die sie mit meiner Hilfe nicht bekommen hätten.
Sie wollten es so haben und dann müssen sie auch die Rechnung dafür zahlen. Dies ist nicht boshaft gemeint. Es ist die sachliche Information aus meiner Überzeugung heraus, dass sie mit meiner ehrlichen Art schneller an ihr Ziel gekommen wären. Aber sie haben gewählt.

Das schlimme ist, das die Steuerzahler für einen Großteil dieser Fehler aufkommen müssen. Es trägt ja keiner eine persönliche Verantwortung.

Ich muß nicht im Mittelpunkt stehen!

Wer etwas verändern will, sollte die Fähigkeit besitzen, das sich die anderen in den Mittelpunkt stellen können. Andere sind wichtiger als ich, ohne sich selbst überflüssig zu machen.

Dies ist eine Kunst der Erfolgreichen.

Als Projektleiter dafür sorgen, das die Kollegen und Mitarbeiter die optimalen Arbeitsbedingungen erhalten um ein bestmögliches Ergebnis erzielen zu können.

Im Mittelpunkt muß das Gemeinschaftsergebnis stehen. Das Ergebnis eines Teams ist immer besser als das Ergebnis eines Einzelkämpfers.

Steuern, lenken und die Kommunikation zwischen den Beteiligten zu koordinieren und zu fördern sind wichtige Aufgaben, die zum gelingen einer Projektarbeit beitragen.

Noch wichtiger als sich zu entschuldigen

Noch wichtiger als sich für seine Fehler zu entschuldigen, ist es, etwas bei Ihnen selbst zu verändern!

Wer um Entschuldigung bittet setzt sich unbewußt selbst herab bzw. gibt dem anderen eine Größe.
Sie bitten um Ent-schuldung von Ihren Fehlern.
Bitte glauben Sie nicht, dass ich möchte, dass Sie sich nicht mehr entschuldigen. Ich möchte, dass Sie sich bewusster mit diesem Thema auseinandersetzen. Und bevor Sie sich ständig bei jemandem entschuldigen, lieber vorher ihre Arbeit überprüfen. Mit etwas selbstkritischem Blick können Sie das eine oder andere bereits verbessern ohne fremde Hilfe. Und Sie wollen doch selbständiger werden.
Der andere kann nichts an Ihren Fehlern ändern.
Er kann mit seinem Wissen nur das Ergebnis so verändern, das es sein Ergebnis wird.

Möchten sie sein Ergebnis oder war ihr Ergebnis vorher vielleicht viel besser? Lag es vielleicht nur daran, das sie sich selbst mit dem Ergebnis nicht zufrieden geben wollten. Hatten Sie nicht das Gefühl Sie hätten selbst noch Fragen zu dem Ergebnis. Warum stellen Sie nicht selbst die Fragen an eine andere Person? Hatten Sie nicht selbst schon Fragen im eigenen Kopf formuliert? War es nicht so, dass Sie sich nur nicht getraut haben diese Fragen zu stellen.

Es bleibt ihr Ergebnis, wenn der um Rat gefragte, Ihr Ergebnis mit seinem Wissen hinterfragt und Ihr eigenes Bewußtsein damit erhellt. Sie bekommen durch dieses Fragen plötzlich Licht in Ihren Kopf und können in Winkel schauen, die vorher im Dunkel lagen. Sie konnten in diesen „unterbelichteten" Bereichen nichts erkennen und hätten nunmehr ihr Ergebnis als Ergebnis aller Überlegungen abgeben können. Sie hätten aber auch zu ihrem Vorgesetzten gehen können und ihn fragen können, ob ihm zu ihrem Vorgang noch Fragen einfallen. Ob er noch etwas zu diesem Thema beitragen kann. Ein geschulter Vorgesetzter hätte ihnen dann Fragen zu dem Thema gestellt, die sie selbst hätten beantworten können.

Es wäre ihr Ergebnis geblieben.

Zukunft gestalten

Zukunft gestalten aus dem was man in der Vergangenheit gelernt hat!

Vergangenheit zu verdrängen hieße, nichts zu haben, worauf man aufbauen kann.

Nichts wovon man gelernt hat. Niemand hat nur negative Erfahrungen gesammelt.

Personen, die auch nichts von der Vergangenheit anderer hören wollen um etwas für die eigene Zielverfolgung lernen zu können, dürfen sich nicht wundern, wenn diese Vergangenheitserfahrungen dann auf anderen Wegen genutzt werden.

Verdrängt wird nur, was einen selbst behindern würde. Zum Beispiel werden gern Erfahrungen anderer verdrängt, wenn man Angst hat, das sich diese Erfahrungen negativ auf die eigenen Tätigkeiten auswirken würde.

Einige Male konnte ich feststellen, dass die Personen zuerst meine Informationen so behandelt haben, als wenn diese nicht zu gebrauchen wären, als wenn es uninteressant für die Maßnahme sei und nicht umsetzbar.

Wenig später konnte ich jedoch feststellen, dass man meine Informationen genutzt hat.

Und diese Ideen für die Eigenen verkauft hat.

Hierüber kann man sich Ärgern oder man akzeptiert es und sagt sich – irgendwann kommt die Wahrheit schon heraus.

Man sollte allerdings etwas dafür tun, damit die Wahrheit zu ihrem Recht kommt. Sonst kommt nicht nur die Wahrheit nicht zu ihrem Recht sondern auch Sie kommen nicht zu ihrem Recht.

Lernen Sie kämpfen – mit ehrlichen Waffen- dies dauert zwar länger aber anders werden sie mit ihrer Einstellung nicht zu ihrem Recht kommen. Wenn sie eine andere Einstellung hätten, hätten sie auch vermutlich nicht dieses Buch gelesen.

Wer Ehrlich ist benötigt normalerweise immer mal wieder eine Motivation von außen um sich wieder einige Zeit selbst motivieren zu können.

Nach meiner Erfahrung kann keiner nur aus eigener Kraft immer motiviert sein. Ab und an benötigt jeder Hinweise auf sein Verhalten um zu wissen, das er auf dem richtigen Weg ist. Und Motivation ist nichts anderes als die Bestätigung auf dem richtigen Weg zu sein. Diese Bestätigung kommt manchmal von innen und manchmal von außen.

Manchmal aus dem Bewußtsein, manchmal aus dem Unterbewußten und manchmal aus unserem ursprünglichen aus dem ontischen.

Das ontische ist das, was man nicht selbst sofort bemerkt, sondern was meistens die anderen zu spüren bekommen. Ihr Verhalten aufgrund von Erfahrungen.

Wer sich bisher viel geärgert hat und anderen Menschen nicht traut, der kann dies zwar mit seinem Worten anders darstellen, sein Körper spricht allerdings eine andere Sprache. Die Bewegungen und die Haltung sowie die Mimik lassen vieles erkennen. Also nicht nur zuhören, wenn jemand mit Ihnen spricht sondern auch zusehen. Sie werden schnell erkennen, wenn Aussprache und Körpersprache nicht zusammen passen.

Kein Mensch kann sich auf Dauer verstellen. Also Augen und Ohren auf damit ihnen zukünftig nichts mehr entgeht.

Unerfahren und schön dumm

Unerfahren oder schön dumm – egal das Ergebnis ist das Gleiche

Unwissenheit schützt vor Strafe nicht. Diese alte Weisheit hat auch heute noch ihre Gültigkeit.

Wie bereits erwähnt, hatte ich in der Vergangenheit noch keine derartigen Machtkämpfe erlebt. Erst 1994 erfuhr ich, was „Machtkämpfer" alles einsetzten, um sich selbst positiv darzustellen. Um den Machtkampf zumindest erst einmal zu gewinnen. Zuerst einmal, deshalb, weil eine andere alte Weisheit besagt, dass man sich immer mindestens zweimal im Leben trifft.

Und am Ende lacht man immer am besten, wenn man die Ausdauer hat und warten kann.

Meine Familie, meine Gläubiger und auch ich hatten in den letzten Jahren wenig zu lachen. Dennoch habe ich das Lachen nicht verlernt – ich hatte es allerdings selbst verdrängt. Ich kannte dieses Verhalten bis dahin nicht. Ich war unerfahren und habe mich aus heutiger Sicht ganz schön dumm verhalten.

Aber, wenn man bereit ist Erfahrungen zu sammeln, kann man noch einiges dazu lernen. Ich habe mich bereit erklärt zu lernen – ich habe mich auch immer wieder selbst gefordert und damit neue Erfahrungen gesammelt.

Diese Erfahrungen haben dazu geführt, das ich weiß, das es zwar einige Menschen gibt, die schamlos bereit sind andere Menschen zu opfern und sie zu denunzieren um selbst einen positiven Eindruck zu hinterlassen. Nach meiner Erfahrung sind diese Menschen allerdings auch sehr treu. Treu gegenüber ihrem Verhalten. Es dauert sehr lange, bis ein Mensch sich so verhält und er bereit ist andere zu benutzten nicht im positiven Sinn, sondern im Negativen. Dann ist dieses Verhalten allerdings ebenso schwer wieder abzulegen wie es vorher angenommen werden konnte.

Entweder hat man eine positive Einstellung zu Menschen oder man hat eine Negative.

Ich habe eine positive Einstellung und bin auch zukünftig bereit im Zusammenhang mit Menschen negative Erfahrungen zu machen.

Ich kann nicht anders und ich will auch nicht anders.

So bin ich nun einmal – erzogen.

Und ich bin meinen Eltern für meine Erziehung dankbar

Ich habe von Ihnen gelernt, zu meinen Fehlern zu stehen. Das heißt für mich, dass ich zu meinen Fehlern stehe – egal ob ich aus Unwissenheit gehandelt habe oder aus Dummheit.
Für mich ist das Ergebnis das Gleiche.

Letztendlich habe ich aus einem Glauben heraus gehandelt.
Und dieser Glaube, ist der Glaube an eine menschliche Zukunft und an positive Menschen.
Heute weiß ich aber auch – aus eigenen Erfahrungen, dass es viele Menschen gibt, die nicht so denken wie ich.
Dies bedeutet auch nicht dass ich **die** Welt verändern will. Ich will **meine** Welt verändern.

Und meine Welt ist nur ein Teil der ganzen Welt.

Aber ich bin davon überzeugt, dass es viele Menschen gibt, die wie ich denken und in einer ähnlichen Welt leben wie ich.

Schließen wir uns doch zusammen!

Schließen wir uns doch zusammen!

Unter diesen Leitspruch handele ich bereits seit einiger Zeit. Es ist allerdings nicht ganz einfach, weil Menschen, die wie ich denken, meistens auch in einer ähnlichen Situation wie ich sind. Und diese Situation ist aufgrund der Einstellung eher finanziell weniger gut.

Wer weniger Geld zur Verfügung hat, wird jedoch einfallsreicher. Mit guten Einfällen Geld verdienen – dass ist ein Ansporn.

Das **Miteinander** bringt Sie persönlich auch weiter. Man erhält kritische aber ehrliche Informationen und Aussagen zu seinen Aktivitäten und man muß, trotz der angespannten finanziellen Situation nicht befürchten über den Tisch gezogen zu werden.

Armut kann auch verbinden!

Aber auch hier gilt – Wie man in den Wald hinein ruft, so schalt es auch heraus.

Wichtig – wie überall im Leben – Ehrlichkeit.

Nur wer gibt, kann auch zurückbekommen. Und man bekommt es auch zurück – Die anderen müssen allerdings auch wissen, was man benötigt, damit man etwas bekommen kann.

Zeit – ein Faktor, der große Wirkung zeigt

Zeit ist ein wesentlicher Faktor bei allen Entscheidungen. Die Zeit, die einem zur Verfügung steht, wirkt sich letztendlich auf das Ergebnis aus. Wer Zeit hat verfügt auch über eine gewisse finanzielle Sicherheit für sein Leben oder Geld bedeutet ihm nichts. Das heißt aber auch wieder. Wenn ihm Geld nichts bedeutet, so benötigt er dennoch zumindest einen kleinen Betrag um zu überleben oder er lebt auf einer einsamen Insel auf der ein anderes Zahlungsmittel gilt oder er sich selbst verpflegen muß. In diesem Fall ist allerdings auch die Zeit sein Faktor – wenn er Hunger hat benötigt er etwas zu Essen. Er muß sich also rechtzeitig auf die Jagd machen oder auf sein Feld auf dem er rechtzeitig etwas anpflanzen muß damit er wiederum zur rechten Zeit Nahrungsmittel ernten kann.

Für den Faktor Zeit ist es ebenso wie für viele andere Faktoren, die zu einem Ergebnis beitragen können wichtig, das man weiß wieviel man von dem jeweiligen Faktor benötigt. Man benötigt also Zeit – Erfahrungen und einen Plan um die Wirkung berechnen zu können die sich aus den Faktoren ergibt.

Je mehr Zeit man in die Vorbereitung investiert, desto erfolgreicher wird das Ergebnis ausfallen.
Man muß allerdings nicht nur vorbereiten sondern irgendwann einmal zu einem Ergebnis kommen. Nichts ist so vollkommen, wie man es gerne möchte. Wenn ich jetzt in der Gegenwart schreibe, so ist es im nächsten Moment bereits Vergangenheit. Zumindest für mich, der vor diesen Zeilen saß als sie geschrieben wurden.
Für Sie als Leser dieser Zeilen sind diese Zeilen gerade Gegenwart. Und schon ist das Gelesene bereits Vergangenheit.

Nun kann man daran verzweifeln, wenn man sich vorstellt, was man noch alles zu diesem Thema schreiben könnte. Es fallen einem viele Dinge dazu ein. Dinge, die so alltäglich erscheinen, dass man sie eigentlich gar nicht erwähnen möchte und dennoch weiß ich, dass mir auch vieles alltäglich vorgekommen ist, und ich trotzdem meine Schwierigkeiten damit hatte.

Themen, wie zum Beispiel: die Erfahrung anderer zu

nutzen

um seine Zeit sinnvoller zu nutzen – aus den Fehlern bzw. den Erfahrungen anderer lernen. Aber dieser Rat ist und war schon häufig ein Schlag ins Wasser.

Viele Erfahrungen wollen und müssen wir selbst machen, auch wenn uns dies viel Zeit kostet. Viel Zeit und damit auch viel Geld.

Ehrlichkeit – was ist das eigentlich?

Ehrlichkeit kommt von Ehre.

Ehre ist etwas, was man für sich persönlich in Anspruch nimmt. Man ist nicht bereit zu lügen, denn das wäre nicht ehrenvoll – und dennoch erlebt man es immer wieder. Ein Ehrenmann gibt sein Ehrenwort und später stellt sich heraus, dass er doch gelogen hat. Also was ist die Ehre. Gibt es sie heute überhaupt noch. Ist es eine klar definierte Sache, oder ist jeder für seine eigene Definition zuständig?

Paßt Ehre überhaupt noch in die heutige Zeit?

Ist es nicht ehrlos, wenn ein Unternehmer sein Unternehmen unter Zuhilfenahme von Kapital werbemäßig so positiv darstellt, das jeder glaubt, es handelt sich um ein tolles Angebt, wenn man sich von diesem Unternehmen Aktien kauft. Wenn dieses Unternehmen denn wirklich so positiv ist und so erfolgreich, wie es sich darstellt, warum benötigt es dann noch zusätzliches Geld von Dritten?

Ist dies nicht ein Widerspruch in sich?

Warum sollte ich Dritte beteiligen, wenn es mir selbst schon so gut geht?
Ist es eine soziale Handlung?

Oder ist es einfach nur der Beginn einer Kette. Einer Kette, bei der es darum geht, erst einmal eine Bank davon zu überzeugen, dass das Konzept Erfolg verspricht und damit Geld. Geld, welches wiederum dazu führt, das die Bank ihr geliehenes Geld zurück bekommt. Alle bekommen Geld, aber woher kommt dieses Geld. Wer zahlt bei dieser Kette drauf?

Es kann nicht nur Sieger geben. Irgendeiner ist in einer Kette immer auch der Verlierer.

Oft geht das Spiel, das so betrieben wird, über eine ganze Zeit gut. Das heißt gut für den Spielleiter und seine engsten Partner. Gut bedeutet in diesem Fall erfolgreich im Hinblick auf den finanziellen Vorteil.

Der Spielleiter zieht in diesem Fall seinen Einsatz in Form von Gehältern bzw. Gewinnbeteiligungen aus dem Unternehmen und investiert in eine andere Sache.

Die andere Sache, in die investiert wird, wird derweil von einem Partner betreut und nach oben gepuscht.
Der Spielleiter wird zu gegebener Zeit aus dem Spiel ausscheiden um sich seinen anderen Aufgaben zu widmen. Ein anderer kann dann das Spiel weiterführen bis es nicht mehr geht. Dann geht er.

Es wird mit einer Verwirrtaktig gearbeitet, die dazu führt, das es keinen gibt, der wirklich am scheitern des Spiels Schuld ist. Es sind dann einfach die Umstände, die zum Scheitern führten.

Niemals wird es einer der Spielleiter sein.

Dazu wissen die „Oberen" zu viel von einander.

Wer etwas verrät ist Verräter und wird damit ausgestoßen. Mitmachen und mit lügen ist damit die eine Seite – oder aber nicht mit machen und aufdecken.

Hierfür ist es aber erforderlich, das man einen eisernen Willen und ein enormes Rückgrat hat. Denn wenn man nicht mit macht ist man Spielverderber und bekommt die Schelte der Spielleiter, der Partner, die mit verdienen und der Menschen, die das Spiel noch nicht durchschaut haben. Sie werden zum Spielball der gegensätzlichen Meinungen und fühlen sich überfordert. Letztendlich siegt allerdings wieder das Geld und damit die Meinung, derer, die über das Geld und damit über die Macht des Geldes verfügen.

Und somit behält jeder seine Ehre.

Ehre ist für viele etwas „käufliches" und damit letztendlich wertlos.

Für mich ist Ehre allerdings nicht wertlos.

Meine Ehre ist nicht käuflich.

Ich habe damals als ich die Erlebnisse mit dem Versicherungsunternehmen hatte, versucht sowohl den Mitgliedern des Betriebsrates zu vermitteln, was dort im Unternehmen geschieht. Ebenso habe ich versucht meine Kollegen von den Geschehnissen zu überzeugen. Auch die Gewerkschaft, der ich seit 1972 angehörte, habe ich versucht klarzumachen was dort im Unternehmen

61

ablief. Keinen hat es interessiert. Es blieb mir daher nichts anderes übrig, als den finanziellen Schaden, der letztendlich durch den ehemaligen Betriebsratsvorsitzenden und anschließenden Abteilungsleiter verursacht wurde, so hoch wie möglich zu treiben.

Aber es war für das Versicherungsunternehmen kein Problem diesen Betrag, den ich eigentlich gar nicht haben wollte, zu zahlen.

Ich war ja nicht der erste, der vom Unternehmen eine Abfindung erhielt. Es gab mehrere Personen, die Schweigegeld für ihren Job erhielten.

Ich sehe es daher so, daß ich zwar einen Betrag für meinen Job bekam; für die Beleidigung, die ich durch die falschen Aussagen und das Ablenkmanöver von den tatsächlichen Schädigungen durch den Abteilungsleiter erfuhr bekam ich kein Geld. Hierfür will ich auch kein Geld.

Ich will eine Richtigstellung der Tatsachen.

Nicht ich habe das Unternehmen geschädigt sondern andere Personen.

Ehre ist unbezahlbar.

Es ist die unbezahlbare, für sich selbst beweisbare Wahrheit.

Nun ist es als Angestellter eines Unternehmens nicht üblich, das man von allen Vorgängen eine Kopie fertigt und man so in die Lage gerät die Unwahrheiten zu beweisen.

Wie soll man daher glaubhaft machen, das man die Wahrheit sagt. Es ist schier unmöglich.

Es ist ein Kampf gegen Giganten.

Also warum kämpfen, wenn der Kampf zu nichts führt.

Für mich selbst ist es auch nicht erforderlich das mir jeder glaubt, das ich die Wahrheit sage. Für mich ist wichtig, dass ich selbst davon überzeugt bin. Das ich für mich schlüssig handele und andere Menschen nicht betrüge.

Für mich ist ein Ehrenwort ein Ehrenwort und dass das so bleibt darf ich mich nicht selbst aufgeben.
Ich muß für Recht und Ordnung kämpfen. Für das was ich unter Recht und Ordnung verstehe.

Mein Verständnis von Recht und Ordnung ist nicht populäres Geschwätz um von möglichst vielen Menschen Zustimmung zu bekommen. Es ist eine Einschätzung der Situation vom Zusammenleben von Menschen, in denen möglichst viele Menschen zu ihrem Recht kommen. Damit herrscht eine Ordnung die von vielen anerkannt werden kann, ohne das ich ihnen meine Meinung aufdränge.
Ich denke es ist das Denken vieler Menschen.

Wenn ich dieses Denken mit meinen Worten treffe und ich mich für die Umsetzung einsetzen kann und aus der Sicht der Leser dies auch soll, ist dies mehr wert als Geld – dies ist eine Ehre.

Eine Ehre für Menschen tätig sein zu dürfen – ohne an viel Geld zu denken sondern einfach um soviel Geld zu haben, das ich davon leben kann.
Und nicht nur ich, sondern auch meine Familie.

Leben und leben lassen und jeder mit seiner Ehre.

Lenken und nicht lenken lassen!

Wie hat schon Reinhard K. Sprenger in seinem Buch: „Die Entscheidung liegt bei Dir!" geschrieben:

Dieses Buch soll Sie wieder ans Ruder bringen – dort, wo Sie hingehören.

Also lenken Sie wieder selbst – auch wenn es anscheinend nur schwer möglich ist. Sie können es und Sie sollten es auch tun.

Seien Sie loyal zu sich und trauen Sie sich wieder mehr zu. Stärken Sie Ihr Selbstvertrauen. Wenn Sie selbst nicht an sich glauben, wer soll es denn sonst tun.

Erwarten Sie nicht immer etwas von anderen. Gehen Sie wieder voran. Aber nicht nach dem Motto: Mir nach ich folge.

Dies ist zwar ein lustiger Spruch, aber nur mit lustigen Dingen kommen Sie nicht weiter. Lenken Sie mit aller Ernsthaftigkeit, dann wird es automatisch wieder lustig. Sie werden merken, wie lustig das Leben sein kann, wenn Sie nicht verbissen sondern ernsthaft an sich und Ihrem Lebensumständen arbeiten.

Sie werden Hilfe erfahren, obwohl Sie schon fast aufgegeben hätten. Überall warten freundliche Menschen auf Sie. Die Menschen wissen es nur noch nicht. Gehen Sie mit Mut und einem Lächeln, entschlossen auf diese Menschen zu. Sagen Sie ihnen, was sie für Sie tun können, wie man Ihnen helfen kann – und man wird Ihnen helfen.

Mit Ihrer Bitte um Hilfe, sprechen Sie die Menschen positiv an. Zumindestens die meisten Menschen werden bereit sein und Ihnen helfen. Sie lenken mit Ihrem Verhalten in eine positive Entwicklung ein. Warten Sie nicht bis andere Sie ständig lenken. Das Leben besteht aus geben und nehmen. Und wem Sie Vertrauen entgegenbringen, der wird auch Ihnen

Vertrauen schenken. Die Wahrscheinlichkeit der positiven Rückantwort ist jedenfalls größer als die Gefahr eine negativen Erlebnisses.

Also Selbstvertrauen, Entschlossenheit und los geht's.

Loyalität

Loyalität mit dem Unternehmen ist eine Selbstverständlichkeit.

Allerdings nur bis zu einem bestimmten Punkt. Nämlich dem Punkt, bis zu dem Sie bereit sind, den Zielen des Unternehmens zu folgen. Vor allen Dingen, den Wegen auf denen ein Unternehmen das Ziel verfolgt, zu folgen. Hier kann es Gewissenskonflikte geben.

Sind Sie für ein größeres Unternehmen tätig, in dem ein Vorgesetzter aufgrund seiner persönlichen Situation evtl. andere Ziele verfolgt als das Unternehmen? Dann kann es ihnen passieren, dass Sie das System Mobbing kennenlernen, wenn Sie den Unternehmungen ihres Vorgesetzten nicht folgen. Je nach Netzwerk über das Sie oder Ihr Vorgesetzten verfügen und nach der persönlichen Stärke gehören Sie anschließend zu den Gewinnern oder aber auch zu den Verlierern.

Lassen Sie sich jedoch nicht provozieren und auf andere Nebenschauplätze abdrängen.

Wenn Sie merken, dass das Unternehmen kein Interesse an einer Aufklärung der Situation hat, verlassen Sie es.

Wann dieser Zeitpunkt gekommen ist, ist schwierig zu sagen. Dies hängt von vielen Aspekten ab. Letztendlich liegt die Entscheidung immer wieder bei Ihnen.

Welchen Preis wollen Sie bezahlen?

Der Zeitpunkt bestimmt auch den Preis, den Sie für ihre Entscheidung zahlen müssen. Warten Sie zum Beispiel nicht darauf von ihrem bisherigen Arbeitgeber eine Abfindung zu bekommen. Werden Sie selbst aktiv hinsichtlich einer neuen Aufgabe. Bewerben Sie sich selbst. Sonst werden Sie beworben.

Will sagen: Es kann Ihnen auch passieren, das Ihnen eine neue Aufgabe vermittelt wird, ohne das Sie es sofort merken.

Es gibt für jemanden, der Sie loswerden will zahlreiche Möglichkeiten, dies auch in die Tat umzusetzen.

Ab einem bestimmten Zeitpunkt ist es auch hinfällig sich über eine loyale Haltung Gedanken zu machen. Sie wird nicht mehr erwartet, weil jemand schon genug falsche Informationen gestreut hat um Ihnen zu schaden.

Also verschwenden Sie keine Zeit an eine aussichtslose Sache. Verlassen Sie die bisher geliebte Aufgabe. Jemand anderes hat derzeit mehr Einfluss auf den Lauf der Dinge – jedenfalls an diesem Ort.

Also verlassen Sie diesen Ort.

Sie verärgern sich sonst nur selbst.

Es gibt Menschen, die wollen sich nicht helfen lassen. Diese Menschen brauchen Sie nicht. Warum wollen Sie sich also aufdrängen. Nicht jetzt und nicht hier. Denken Sie daran: man sieht sich immer zweimal im Leben – mindestens.

Aber achten Sie darauf, das Sie dieses zweite Mal nicht erwarten um ihrem Haß freien Lauf zu lassen.

Haß ist schlecht für Sie.

Haß hindert Sie nur an Ihrem eigenen weiterkommen – Ihrer eigenen Entwicklung.

Überzeugen Sie mit Ihrem Wissen – mit ihrem fachlichen Wissen.

Auch Loyalität hat seine Grenzen. Und die Grenze bestimmen Sie – kein anderer.

Aber Sie müssen die Grenze bestimmen und anschließend auch dazu stehen.

Standhaft bleiben!

Standhaft bleiben ist manchmal leichter gesagt als getan. Aber letztendlich werden Sie ihr Ziel nur erreichen, wenn Sie Standhaft IHR Ziel verfolgen. Egal; was andere Ihnen auch empfehlen, prüfen Sie genau, ob die Empfehlung in IHR Konzept passt oder nicht.

Wenn nicht ?

Sofort abhaken und IHR Ziel weiterverfolgen. Siehe hierzu auch das Kapitel „Zeit ist Geld". Wir haben ja festgestellt, wir haben kein Geld. Jedenfalls nicht zum verschenken. Auch Sie bekommen nichts geschenkt.

Das bedeutet, wenn man nichts zu verschenken hat, muß man sparsam sein. Allerdings sollten Sie ruhig Dinge verschenken. Dinge die Sie nichts kosten.

Lächeln, Freundlichkeit, Vertrauensvorschuß, Offenheit.
Diese Geschenke sind oft der Eintrittspreis für ein Gespräch, welches Ihnen später einmal Gewinn bringen kann. Gewinn, indem Sie mit Ihrer Art einen „Partner" gefunden haben, der Ihnen zuhört und Ihre angebotene Ware, Ihre Dienstleistung gebrauchen kann. Sie verkaufen schließlich Nutzen. Nutzen für Ihre Partner, Ihre Kunden und damit für Ihre Auftraggeber. Dies ist

unabhängig davon, ob Sie als Selbständiger als Freiberufler oder als Angestellter Ihre Dienste anbieten. Immer wieder werden Sie nach Ihrem Nutzen beurteilt. Achten Sie aber darauf, dass Sie sich nicht ausnutzen lassen.

Das Gefühl des „Ausgenutzten" entsteht bei Ihnen.

Ihr Auftraggeber mag ein völlig anderes Gefühl haben. Prüfen Sie für sich, wie es zu diesem Gefühl kommt. Woran liegt es, dass Sie sich ausgenutzt fühlen.

Wenn Sie dies bei sich ermittelt haben, planen Sie, wie Sie vorgehen wollen um dieses Gefühl zu beseitigen.

Manchmal ist es nur der eigene Eindruck, der zu dem Gefühl geführt hat. Manchmal ist es ein Hinweis von einer Person, der Sie etwas über ihre Tätigkeit berichtet haben. Schnell bekommt man den freundlich gemeinten Hinweis, warum läßt Du Dir dies eigentlich gefallen? „Ich würde das nicht mitmachen."

Ob dies allerdings ein ernstgemeinter Rat ist, den Sie befolgen sollten oder ob es sich um Neid handelt, sollten Sie vor einer Reaktion prüfen.
Schnell ist etwas zerstört, was nur aufgrund eines falschen Eindruckes entstanden ist.

(Denken Sie bitte daran, für Ihre Eindrücke sind Sie zuständig. Sie können sich Eindrücke vermitteln lassen oder erarbeiten. **Aber es sind und bleiben IHRE Eindrücke**.)

68

Deshalb ist Kommunikation zwischen Menschen sehr wichtig. Sprechen Sie offen mit Partnern, Kunden und Auftraggebern. Sicherlich gehen Sie hierbei auch einmal das Risiko ein, das Sie nicht richtig verstanden werden, aber achten Sie auf die Reaktion ihres Gegenüber und Sie werden feststellen, ob Sie verstanden werden oder nicht.

Fragen Sie nach, wenn bei Ihnen der Eindruck entsteht, das was Sie gesagt haben ist nicht richtig rüber gekommen.

Sie als Sender eine Information sind verantwortlich für die Reaktion. Auch wenn Sie dies nicht so sehen, Sie werden ggfls. die Rechnung für ein Mißverständnis zahlen müssen.

Dies merkt man jedoch nicht immer sofort.

Rechnungen werden oft, wie auch im wahren Leben mit einer zeitlichen Verzögerung verschickt.

Später können Sie Mißverständnisse nur schwer korrigieren. Sie werden nicht mehr klar erkennen können, welches war die Ursache und was war die Wirkung.

Ursache und Wirkung

Die Ursache hat immer eine Wirkung.
Und die Wirkung hat immer eine Ursache.

Klingt leicht und einfach.

Manch ein Mensch, weiß aber nicht was er mit einer unüberlegten Handlung für eine Ursache schafft.

Andere wissen aber ganz genau, welche Wirkung sie erzielen, wenn sie als Ursache die Möglichkeiten und die Handlungsinstrumente des Mobbing benutzen.

Gerade Mitarbeiter, die hinsichtlich der Bekämpfung dieser Erscheinung, geschult wurden, können im Falle einer eigenen „Notsituation" ggfls. auf die Instrumente des Mobbing zurück greifen.

Mobbing als Personalführungs- und Personalreduzierungsprogramm ist in manchen Firmen eine willkommene Möglichkeit zur Einsparung von Abfindungsbeträgen. Für manche Menschen ist dies zumindest der Versuch wert, die Kosten für das Ausscheiden von Menschen zu reduzieren.

Jeder noch so gute und langfristige Vertrag kann mit Hilfe der Mobbingstrategie zur Auflösung gebracht werden.
Für die Betroffenen ist es eine grausame Methode der Entsorgung. Besonders wenn man schon seit Jahren in einem Unternehmen tätig ist und man der Meinung ist, man hat sich für das Unternehmen aufgeopfert.

Diese Meinung haben andere übrigens auch. Wenn diese jedoch am längeren Hebel sitzen und über bessere Kontakte und mehr interne Informationen verfügen als Sie, werden Sie zu den Verlierern gehören.

Geld regiert die Welt. Nutzen ist letztendlich immer mit Geld verbunden.

Diese Aussagen zählt für alle Menschen, besonders allerdings für die Karrierebewußten, die ihre Berufslaufbahn planen und nicht bereit sind, sich auf IHREM Weg von irgendetwas oder irgendjemanden von einem glatten Durchlauf stören zu lassen.

Kommen Sie so einem Menschen in die Quere, prüfen Sie, ob es sich für Sie lohnt sich ihm in den Weg zu stellen und ob Sie sich stark genug für eine Auseinandersetzung fühlen.

Sonst laufen Sie Gefahr, das Sie unter die Räder kommen. Wenn Sie auch nur einmal anfangen, mit einem Karrieristen in Konflikt zu geraten und dieser bereits über ein umfangreiches Netzwerk verfügt, liegen Sie unter Umständen schneller am Boden als es Ihnen lieb ist.

Sie können ihm allerdings auch aus dem Weg gehen. Aber denken Sie daran, Sie zahlen den Preis für Ihr Verhalten.

Sie sollten an Ihr Selbstwertgefühl und Ihren Spiegel denken.

Wenn Sie sich aber einmal zum Kampf aufgestellt haben, zeigen Sie keine Schwäche, kämpfen Sie weiter. Aber es kann ein harter Kampf werden. Allerdings können auch die Umwege, die Sie sonst gehen müssen, hart für Sie werden.

Und es wird nicht immer mit sauberen Mitteln gekämpft. Fußangeln, Steine, Hölzer – alles was es auf dieser Welt gibt, wird Ihr gegenüber einsetzen um Sie zu schaffen.

Allerdings werden Sie irgendwann Ihr eigener Gegner sein.

Sie werden mit sich und ihrer Umwelt unzufrieden. Sie kämpfen gegen Menschen, die nichts für Ihre Situation können und die Ihnen eigentlich nur helfen wollten.

Sie werden aber ab einem bestimmten Zeitpunkt kaum noch unterscheiden können, wer will mir helfen und wer ist gegen mich.

Also werden Sie sich so schnell wie möglich über ihre Möglichkeiten und Ihre Situation bewußt. Lassen Sie sich gegebenenfalls beraten. Lassen Sie sich von Fachärzten oder geeigneten Vereinen helfen.

Wer einmal in dieser Mobbingwelt den Boden unter den Füßen verliert, fängt an zu schweben und sieht manches von einem abgehobenen Standpunkt aus.
Weiter kommen Sie in dieser Welt nur, wenn Sie Bodenständig sind.

Also Luftballons zerschießen und wieder auf den Boden fallen. Dies geht am besten, wenn Sie bereits in geringer Höhe mitbekommen, was Ihnen passiert.
Je höher Sie Schweben und je weiter Sie vom Boden entfernt sind, desto schwerer sind die Verletzungen, die Sie sich beim Aufprall zufügen.
Und weiter fliegen nützt auch nichts.
Die Luft wird irgendwann immer dünner bis Sie nicht mehr atmen können.
Es sei den Sie haben genügend Puste in Ihrem Portemonnaie.

In diesem Fall können Sie ruhig weiter fliegen.

Mobbingopfer haben allerdings nur selten ausreichend finanzielle Mittel, weil sie schon immer eine soziale Ader hatten.

Also, beenden Sie möglichst bald Ihren Flug.
Ein Flug sollte, wenn er denn schon begonnen wird, zur Erholung genutzt werden. Verschaffen Sie sich aus der Vogelperspektive einen Überblick.
Aber Landen Sie so schnell wie möglich wieder auf dem Boden – und vor allem, heben Sie nicht zu sehr ab.

Ich gebe zu, fliegen ist schön, aber lange Flüge kosten auch viel Geld.
Geld, welches Sie vielleicht für andere Dinge, besser benötigen können

Haben Sie ein finanzielles Polster oder einen verständnisvollen Banker, können Sie sich und ihre Lieben und Ihr Haus und was Sie sonst noch so alles gekauft haben, vielleicht halten.

Aber irgendwann kann Ihnen kein Banker mehr helfen. Ihr Polster ist aufgebraucht und auch das Vertrauen in Sie.

Sie müssen sich selbst zu helfen wissen.

Und spätestens zu diesem Zeitpunkt sind Ursache und Wirkung oft schon so verwischt, das nicht mehr zu erkennen ist, wie ist es eigentlich zu der Situation gekommen.

Empfehlung hierzu: schreiben Sie ein Tagebuch über Ihr Leben – spätestens, wenn Sie merken, das sich in Ihrem Leben – besonders im Berufsleben etwas ändert, sollten Sie damit beginnen.

Also nicht nur fern sehen, mailen, telefonieren oder sonstigen Freizeitbeschäftigungen nachgehen.

Fotografieren Sie nicht nur in Ihrem Urlaub.
Halten Sie Ihr Leben fotografisch bzw. schriftlich fest.

Schreib mal wieder!

Wie bereits zu einem früheren Zeitpunkt angemerkt, ist das Schreiben eine wichtige Sache. Früher hielt ich Mädchen, die ein Tagebuch schrieben für abgeknallt.

Von Jungen habe ich übrigens nicht in Erinnerung, dass sie Tagebücher schrieben.

Vielleicht war es ihnen auch nur peinlich darüber zu sprechen.

In den letzten Jahren habe ich zahlreiche Menschen kennengelernt, die ein äußerst interessantes Leben geführt haben. Sie waren sich dessen aber nicht bewußt. Erst durch interessiertes Zuhören und die damit verbundene Möglichkeit, das diese Personen sich selbst über ihr Leben bewußt wurden, begannen sie zu schreiben.

Aufgrund meiner Erfahrungen wünsche ich mir, das mehr Menschen ihr Leben bewußter wahrnehmen. Für dieses Wahrnehmen ist es nach meiner Erkenntnis eine sinnvolle und geeignete Maßnahme sein Leben einem Buch anzuvertrauen. Bei diesem Verarbeiten kommen die Geschehnisse noch einmal zum Vorschein und werden bewußt noch einmal verarbeitet. Hierbei geht man mit vielen Dingen kritischer um, als im hektischen Tagesgeschehen. Einige Dinge, die man zwar am Tag gehört hat, hat man zur Kenntnis genommen aber nicht verarbeitet.

Die schriftliche Bearbeitung des Tages ruft viele dieser unbewußten Dinge aus dem Unterbewußtsein wieder ab und hält diese durch die Schriftform wörtlich genommen noch einmal vor die Augen.

Bewußte Wahrnehmung entsteht.

Und wer bewußt wahrnimmt, hat schneller die Möglichkeit zu reagieren.

Und wer schneller reagiert, sammelt nicht und kann manche Bauchschmerzen vermeiden.

Ein Hilfsmittel bzw. eine Ergänzung zum Tagebuch ist ein Zeitplan. Nicht nur die Geschehnisse der Vergangenheit aufschreiben, dies kann nur der erste Schritt sein, um sein Leben zu ändern.

Unter dem Kapitel: Löse Dich vom Druck hatte ich methodisches Vorgehen in 7 Schritten vorgestellt.

Sich informieren, zielen, planen, entscheiden, realisieren, kontrollieren und daraus lernen waren die Eckpunkte, auf die in diesem Zusammenhang wieder zurück gegriffen werden kann.

Die Informationen ziehen wir jetzt aus unserem eigenen Tagebuch und können aus dem bisherigen Ergebnis ein Ziel formulieren.

Das Ziel könnte in diesem Zusammenhang heißen:

Zukunft planen.

Zukunft gestalten aus dem was man in der Vergangenheit gelernt hat.
Sie können hierzu einen der vielen Seminare zum Thema Zeitmanagement buchen. Sie können aber auch Ihre bisherigen Tätigkeiten mit den Erfahrungswerten bewerten und einen eigenen Terminplan erstellen.
Am Anfang am besten damit beginnen größere Zeiträume zu verplanen. Nach einiger Zeit sollten Sie dann allerdings dazu übergehen und Ihre Planung verfeinern. Am Schluß steht dann die Planung pro Tag. Aber denken Sie daran, nie den ganzen Tag mit Aufgaben verplanen. Sie benötigen für unvorhersehbares ein Zeitpolster. Plane Sie dies nicht mit ein, entsteht schnell Druck und von dem wollten Sie sich ja lösen.

Setzen Sie Meilensteine, damit Sie wieder einmal einen Erfolg zu feiern haben.

Prost!

Geben Sie sich aber immer die Möglichkeit, den Plan zu korrigieren, wenn Sie neue Erkenntnisse gewonnen haben. Einen Plan festzuhalten, nur weil es nun einmal ihr Plan ist, nutzt Ihnen nichts, wenn Sie nicht bereit sind neue Erkenntnisse anzunehmen.

Für diesen Fall gilt:

> Wer nicht bereit ist aus der Vergangenheit zu lernen,
> der ist verdammt sie noch einmal zu wiederholen.

Vergangenheit wiederholen

Wollen Sie das?

Wollen Sie alle Fehler immer und immer noch einmal machen.

Ich denke – Nein

Das kann und darf nicht das Ziel Ihres Lebens sein.
Aus allem was Sie in der Vergangenheit gemacht haben, lassen sich positive Schlüsse ziehen. Hierüber habe ich bereits an einer früheren Stelle hingewiesen.

Manche Dinge, muß man allerdings wiederholen um sie wirklich zu verinnerlichen und schlußendlich nicht noch einmal im Berufsleben, im Außenbereich, neu zu erfahren.

Ich wünschte, ich hätte früher vom Baum der Erkenntnis gegessen.
Aber lieber später essen als zu spät.

Es ist nie zu spät um etwas zu verändern.

Reagieren – bewegen – aktiv werden

Nur wer reagiert, sich bewegt und aktiv ist, kann auch etwas verändern. Selbstverständlich geht man mit jeder Aktion wieder das Risiko ein, etwas falsch zu machen.

Aber im Ernst – unterstellen Sie sich selbst – immer alles falsch zu machen.

Sollte dies so sein, sollten Sie noch einmal dieses Buch von vorn beginnen. Lesen Sie noch einmal die Kapitel über das methodische Vorgehen. Stellen Sie eine Liste mit Ihren bisherigen Aktivitäten auf. Haben Sie eine Schule besucht. Haben Sie eine Berufsausbildung. Haben Sie lesen, rechnen oder schreiben gelernt.

Können Sie wirklich nichts von dem.

Sehen Sie!

Zumindest lesen können Sie.

Sollte dies wirklich das einzige sein, was Sie in Ihrem leben gelernt haben, können Sie sich noch helfen.

Es gibt Bücher, die von anderen Menschen geschrieben wurden. Diese könnten Sie zum Beispiel anderen Menschen vorlesen. Kleinen Kindern, deren Eltern keine Zeit haben selbst eine Gutenachtgeschichte vorzulesen oder älteren Menschen, die nicht mehr gut sehen können. Diese Personenkreise sind dankbar für jemanden, der ihnen etwas vorliest.

Sie können diesen Dank ernten. Am Anfang reicht es sicherlich, wenn Sie dafür Dank ernten. Dafür können Sie sich aber nichts kaufen.

Wenn Sie also Geld benötigen, können Sie, wenn Sie gut und interessant vorlesen können und davon gehe ich in diesem Fall aus, bald auch Geld für Ihre Leistung verlangen.
Sie werden wahrscheinlich schon nach kurzer Zeit von Ihren „Opfern", an denen Sie Ihre Leseprobe vollzogen haben, weiter empfohlen.
Nun können Sie natürlich immer weiter kostenlos lesen.

Wenn Sie es sich leisten können und wollen – tun Sie es.

Ich denke, der Dank ist mehr als Geld wert.

Aber leider sind nicht alle Menschen wirtschaftlich in der Lage ihre Dienstleitung kostenlos zu erbringen.
Sie müssen Geld verdienen.
Wenn Sie zu dieser Gruppe von Menschen zählen, die Geld verdienen müssen, lassen Sie sich etwas einfallen.

Zurück zum Plan – 7 Punkte Methode –

Sie haben also ermittelt, dass Sie doch etwas können. Vielleicht auch nur die Fähigkeit, dass Sie ermitteln können.

Dann können Sie jetzt auch weiter ermitteln, wer diese Fähigkeit, über die Sie verfügen, nutzen kann. Wer hätte einen wirtschaftlichen Vorteil von Ihren Kenntnissen. Wer verfügt über Kunden, die bereit sind, für diese Leistungen zu zahlen.

Wenn Sie die bisherigen Aufgaben lösen konnten

- lesen dieses Buches,
- aufschreiben Ihrer Fähigkeiten,

können Sie also auch selbständig denken und Ihre Gedanken in eine Tat umsetzen.

Warum trauen Sie sich also nicht noch ein bisschen mehr zu?
Haben Sie Angst oder Befürchtungen, es könnte nicht klappen?
Wenn Sie Angst haben, kehren Sie zurück zum Abschnitt

Nur keine Angst !

Wenn Sie sich an die dort gemachten Aussagen erinnern, ändern Sie einfach Ihre Einstellung zu den Dingen. Haben Sie keine Angst sondern haben Sie nur Befürchtungen, dass es nicht klappen könnte.

Angst blockiert – Befürchtungen lassen Raum für Überlegungen.
Nun verbinden Sie diese Empfehlung mit der 7-Punkte–Methode und ermitteln Sie, welche Befürchtungen Sie haben. Sie werden feststellen, dass

Sie, nachdem Sie Ihre Befürchtungen kennen auch ermitteln können, welche Möglichkeiten Sie gegen Ihre Befürchtungen einsetzen können.

Durch das methodische Vorgehen lösen sich nach und nach auch Ihre sämtlichen Befürchtungen auf.

Sie werden feststellen, dass Sie wieder dahin kommen, wo Sie bereits waren.

Und nicht nur dorthin.

Sie werden ganz neue Dimensionen erkennen und völlig neue Visionen erhalten.

Der Kopf wird nun wieder frei für neue Aufgaben.

Ein neues Leben beginnt!?

Ein neues Leben beginnt allerdings nicht wirklich.

Ihre alten noch nicht bearbeiteten Probleme bleiben noch ein wenig bei Ihnen.

Ein kluger Mensch hat einmal gesagt:

„Ich dachte ein neues Leben beginnt; dabei geht es nur weiter!"

Aber gerade um dieses weitergehen geht es doch. Nur indem Sie bereit sind weiter zu gehen, gehen sie weiter und damit auch das Leben. Leben besteht aus Visionen. Wer keine Visionen hat, hat auch keine Zukunft. Erlauben Sie sich ruhig Visionen.

Visionen, die auf dem aufbauen, was Sie in Ihrem Leben bereits getan haben. Und das waren schon viele tolle Sachen. Und es waren Dinge, die Sie getan haben, nicht Frau Meier oder Herr Schulze (es sei denn, Sie heißen so). Seien Sie also stolz auf diese Dinge, die Sie weitergebracht haben.

Beginnen Sie ein „Neues" Leben, in dem Sie wieder zu sich und Ihren Erfolgen stehen. Verstecken Sie sich nicht hinter den falschen

Beschuldigungen von Menschen, die sich nur selbst mit diesem Verleumdungen nach vorn bringen wollten.

Sie haben es nicht nötig sich zu rechtfertigen. Sie werden mit Ihrem Wissen gebraucht. Sie müssen sich nur auf die Suche begeben.

Jetzt kommt noch einmal der Hinweis auf das zielgerichtete Vorgehen. Nutzen Sie Ihre eigenen Informationen. Für diese müssen Sie nichts zahlen. Sie können sich also dankbar dafür sein – so wie die kleinen Kinder, die sich auch für eine kostenlose „Dienstleistung" bedankt haben. Sie haben sich gefreut und mit einem lächeln oder sogar lautem lachen bedankt. Und waren die Kinder oder auch die älteren Menschen nach dem lächeln nicht auch viel ausgeglichener. Kinder können dann zum Beispiel viel leichter Einschlafen oder andere Dinge erledigen, zu denen Sie vorher nicht bereit waren.

Warum also nicht erst belohnen und dann eine Arbeit ausführen, zu der man eigentlich nicht so viel Lust hat.

Vorfreude ist doch so schön.

Vorfreude !

Wieso wird in der Welt eigentlich oft erst eine Leistung erwartet und dann mit Geld belohnt. Sind es die negativen Erfahrungen, die wir damit gemacht haben oder sind es die negativen Erfahrungen, die andere damit gesammelt haben.

Egal.

Wichtig ist doch unser Empfinden. Unsere Einschätzung von Werten und Normen. Sind diese Einschätzungen durch Erfahrungen allerdings verwirrt, kann unsere Einschätzung nicht mehr realistisch sein.

Wir müssen wieder erkennen, welche Werte gelten für uns und für andere Menschen. Nur durch einen Abgleich mit den anderen Meinungen können wir wieder zu einer realistischen Einschätzung kommen.

Folglich ist eine ständige Kommunikation mit Menschen erforderlich. Hierbei muß allerdings auch darauf geachtet werden ob es sich um allgemeine Werte und Normen handelt oder um Fachliche. Allgemein hängen Normen und Werte von den Kreisen ab, in denen man sich bewegt.

Ohne Bewertung, ob dies positiv oder negativ ist, gibt es ein anderes Verhalten bei Adligen, bei Selbständigen, bei Arbeitnehmern, bei Freiberuflern, bei Arbeitslosen und bei Sozialhilfeempfängern oder anderen Gruppierungen.

Jede Gruppe hat ihr Bewertungssystem. Und jede Gruppe hält ihr Bewertungssystem für das Richtige. Wer dies nicht tut, fällt aus dieser Gruppe heraus.

Zwangsläufig.

Wer also nicht bereit ist, sich anzupassen, ist automatisch Außenseiter. Egal von welcher Gruppe auch immer oder sogar insgesamt.

Dabei möchte doch jeder Mensch als einmaliges Individuum anerkannt werden.

Ein einmaliges Individuum sollte jedoch auch bereit sein, etwas Einmaliges zu leisten. Und wer etwas Einmaliges leisten will, läuft auch automatisch Gefahr auf Ablehnung zu stoßen.

Aber wird die Ablehnung von allen erfolgen?

Nein !

Ablehnung erfolgt von denen, die es fachlich anders sehen oder die neidisch sind.

Egal aus welcher Schublade, diese Personen auch kommen. Egal ob Arbeitnehmer, Adlige, Freiberufler, Sozialhilfeempfänger, Arbeitslose, Selbständige Sozialhilfeempfänger oder welche Gruppierungen es auch sonst noch gibt.
Wer es fachlich anders sieht, wird sich in einer mündlichen oder schriftlichen Diskussion mit Ihnen auseinander setzen.
Wer nur neidisch ist, wird Sie mit Schmutz bewerfen und versuchen Sie auszugrenzen.

Wer sich zu keiner Gruppe bekennt, kann nicht ausgegrenzt werden.

Wer sich zur Gruppe Mensch bekennt, kann und muß sich menschlich verhalten. Menschlich verhalten bedeutet für mich, sich an Gesetze und Verordnungen zu halten die zum Schutze des Menschen entstanden sind. Sich persönlich einzusetzen und Dinge, die sich mit dem eigenen empfinden nicht decken, fachlich zu begründen. Fachlich bedeutet als Mensch letztendlich aber auch andere Meinungen gelten zu lassen.
Zu akzeptieren oder mit eigenen Argumenten zu verändern.

Menschlich zu verändern

Urteile nur wenn DU die Hintergründe kennst.

Menschlich zu verändern – selbstbewusstes Selbstvertrauen!

Solltest Sie also gemobbt worden oder auf eine andere Art und Weise, in Ihrem Selbstvertrauen stark angegriffen sein, machen Sie sich klar, das außer Ihnen selbst, absolut kein Anderer einen Zugriff zu Ihrem Selbstbewusstsein hat!

Sie sind der EINZIGE Mensch, der in Ihrem Leben Ihr Handeln und Tun bestimmen kann!

Alle Menschen dieser Erde können Ihnen etwas sagen, bestimmen oder sogar antun, aber KEINER von Ihnen kann bestimmen, was Sie denken!!!!!!!!!!!

Und aus Ihrem Denken entstehen Ihre Handlungen. Sie sind also ganz alleine für Ihr Denken und Handeln verantwortlich – Niemanden können Sie dafür verantwortlich machen – außer Sie sich Selbst!

Das nenne ich Selbstbewusstsein! Und wenn Sie damit richtig umgehen baut sich automatisch ein Selbstvertrauen auf, auf das Sie dann mit Sicherheit stolz sein können!!!!

Werden Sie sich Ihrer Gedanken klar und setzen Sie Ihre Pläne um!

Machen Sie endlich das, was Sie schon immer mal tun wollten und sich nicht getraut haben.

Verwirklichen Sie Ihre Ideen, Ihre Träume

Wie heißt es:

Träume nicht Dein Leben

sondern

lebe Deinen Traum!

Werden Sie sich und Ihren Träumen *selbst bewusst* und

vertrauen Sie sich selbst!

Nachsatz

Vorfreude ist etwas zielstrebig zu beginnen und sich auf die Belohnung zu freuen.

Belohne Sie sich also zuerst mit einem äußeren Lächeln und einer innerlichen Ausgeglichenheit.

Erledigen Sie dann Ihre Aufgabe, die Sie sich selbst ausgesucht haben und freue sich dann auf die nächste Belohnung

– wie immer diese auch aussehen mag –

– **Belohne Dich selbst**

mit methodischen Aktivitäten

und vor allen Dingen

mit

Selbstbewusstsein und Selbstvertrauen

Und jetzt heißt es

eigenständig weiter!

Ich wünsche viel Erfolg!

Wolfgang-Rüdiger Kaufmann

Widmung!

Dieses Buch ist meiner Lebensgefährtin, Geschäftspartnerin, Beraterin und Frau, Iris Kasischke gewidmet. Sie ist es, die mir oft die Kraft für die Bewältigung der anstehenden Aufgaben gibt und gegeben hat. Aber auch meine anderen Familienmitglieder, die ich hier bewusst nicht namentlich nennen will, haben mir mit ihrem Verhalten oft geholfen, Negatives und Positives zu erkennen und daraus meine Schlüsse für Mein Leben zu ziehen.

Aber auch Kurt Helmut G. sei hier erwähnt, der durch sein „mieses" Verhalten mich um meinen Beruf gebracht hat. Der mich damit allerdings auch auf neue Wege gebracht hat, auf denen ich viel Neues erleben durfte!

Gerne hätte ich auf das Eine oder Andere verzichtet – andererseits hat das alles dazu beigetragen, dass ich heute die Erfahrungen besitze, über die ich schreiben und vortragen kann und so anderen Menschen vielleicht helfe, besser mit neuen, bisher unbekannten Situationen umzugehen!

Eschede, den 03.Januar 2010

…Ach ja, natürlich danke ich auch mir, für mein Durchhaltevermögen, meinen eisernen Willen und meine Energie immer wieder an diesem Buch geschrieben zu haben! Ständiges Zweifeln - Fragen, ob es denn nun endlich soweit ist, das dieses Werk veröffentlicht werden sollte, haben mich nicht davon abhalten können, diesen Schritt zu gehen! Dieser Schritt ist für mich ein Teil meines Lebens, meinem neuen Selbstbewusstsein und meinem Selbstvertrauen….

Hoppla, jetzt komme ICH!

Rückkehr aus der Mobbingwelt!

MEINE Zweifel sind weg…

Mein **ICH** ist wieder da!

Arbeitshilfe:

Methodisches Vorgehen in 7 Schritten

---

sich informieren

> **worüber wollen Sie sich informieren?**
>
> **Wo kann man sich informieren?**
>
>> **Internet**
>>
>> **Bücher**
>>
>> **Foren**
>>
>> **Fachleute**
>>
>> **Verbände**
>>
>> **Bekannte**

zielen

> **Was wollen Sie davon erreichen?**
>
> **Wohin soll die Reise gehen?**

planen

> **Wann wollen Sie Ihr Ziel erreicht haben?**
>
> **Was benötigen Sie noch an Ausbildung / Wissen?**

entscheiden

> **Wollen Sie diesen Weg gehen?**
>
> **Gibt es Alternativen?**

realisieren

> **Es geht los!**

kontrollieren

> **Verfolge ich „Meinen" Weg?**

daraus lernen

> **Muss ich noch einen oder mehrere Umwege gehen?**

91